Inhalt

AF219415

Danksagung

Mein erster Dank gilt dem Buddha, seiner Lehre und seiner Gemeinschaft – Verehrung für den Buddha, den Dharma und die Sangha!

Dieses Buch bezieht all sein Wissen aus folgender Gesamtreihe mit 5 Bänden: „DIE REDEN DES BUDDHA": „Längere Sammlung", „Mittlere Sammlung", „Angereihte Sammlung", „Gruppierte Sammlung" und „Sammlung in Versen", erschienen im Verlag Beyerlein – Steinschulte, Herrnschrot. Deshalb danke ich dem Verlag, dass er eine derart wertvolle Sammlung herausgebracht hat!

Im deutschsprachigen Raum kann man wirklich darüber dankbar sein, dass eine solch große Anzahl buddhistischer Ur-Texte aus dem Pali übersetzt wurden und interessierten Lesern zur Verfügung stehen. Möge meine kleine Auswahl an Texten in diesem Buch eine Anregung sein, sich generell mit dieser Quelle des Buddhismus zu befassen.

Weiterhin danke ich Herrn Beyerlein persönlich für seine freundliche Genehmigung.

Der dritte Dank gilt – weil die Texte anderenfalls nur in Pali oder teilweise in Englisch oder einer anderen Fremdsprache zugänglich wären – den jeweiligen Übersetzern der Texte: Karl Eugen Neumann, dem ersten deutschsprachigen Buddhisten, mit 3 von den 5 Bänden; weiterhin Nyanatiloka Mahathera, Nyanaponika Mahathera, Hellmuth Hecker und Wilhelm Geiger.

Zusammenfassend kann man es nicht besser sagen als George Bernard Shaw:
„I can say that in placing a complete translation of the Buddhist canonical scriptures within the reach of the German people you are rendering as great a public service as that of the first publishers of Luther's translation of the Bible, and I hope your enterprise will be adequately rewarded."

Menno Doden (Hrsg.)

Buddha
und die Frauen

Frauen im Alltag, Jüngerinnen Nonnen und Erleuchtete

© Menno Doden *(Hrsg.)*

Mit freundlicher Genehmigung durch den
Verlag Beyerlein - Steinschulte, Herrnschrot.

Layout, Cover und Fotos von Menno Doden.

Herstellung und Verlag:
BoD - Books on Demand, Norderstedt.

ISBN: 9783755792970

Bibliografische Information der Deutschen Nationalbibliothek:
Die Deutsche Nationalbibliothek verzeichnet diese Publikation
in der Deutschen Nationalbibliografie; detaillierte bibliografische
Daten sind im Internet über http:/dnb.dnb.de abrufbar.

Vorwort

In den meisten der Sutren wendet sich der Buddha an männliche Gesprächspartner – meist an seine Mönche – kein Wunder, denn er ist ja sehr oft von ihnen umgeben. Es besteht daher ein großes quantitatives Ungleichgewicht zu jener Anzahl Sutren, die Nonnen, Laien-Jüngerinnen oder Frauen im Alltag zum Inhalt haben. Es ist allerdings nur ein quantitativer Unterschied, denn, dass es beim Verständnis seiner Lehre keinen Unterschied zwischen Mann und Frau gibt, darüber lässt der Buddha keinen Zweifel aufkommen. Grundsätzlich waren alle Lehrinhalte auch den Nonnen zugänglich, was durch ihr Auftreten später als Lehrerinnen oder Erleuchtete für mich bewiesen ist.

Das vorliegende Buch beinhaltet alle Reden des Buddha, die speziell **FRAUEN** zum Thema haben. Meines Wissens gibt es noch keine Zusammenfassung dieser Art. Es gibt aber viel buddhistische Literatur, meist im Bereich des tibetischen Buddhismus, die den weiblichen Aspekt zum Thema hat. In diesem Buch jedoch findet sich die primäre Quelle, 2.500 Jahre alt und zeitlos. Inhaltlich sind – obwohl primär an die Frauen gerichtet – ALLE WESEN angesprochen, die hören und verstehen können – und wollen ...welchen Geschlechts auch immer.

Der Buddha hat sich generell mit dem Thema ‚Mann und Frau' beschäftigt und auch für das Leben im Alltag seine Ratschläge und Erkenntnisse gegeben. Darüber mehr im **Kapitel 1**. Schon immer wandte sich der Buddha, wenn sich eine Gelegenheit ergab, an seine Laienjüngerinnen. Darüber mehr im **Kapitel 2**. Etwas schwer tat er sich bei der Zulassung des Nonnenordens. Als das dann vollbracht war, wurden die Nonnen durch Ihn oder andere Erleuchtete belehrt. Darüber mehr im **Kapitel 3**. Nonnen, welche die Vollendung erreichten, äußerten sich darüber in den „Liedern der Nonnen". Eine Auswahl davon im **Kapitel 4**.

Mögen die Reden Buddha's uns allen ein Licht sein.

Menno Doden, Wien, 22.02.2022

Kapitel 1

(Anm.: Kapitel 1 betrifft das hinduistische Umfeld des Buddha.
Bedenken Sie bitte, liebe LeserInnen, dass dies 2.500 Jahre her ist...)

FRAUEN im Alltag

Anuruddho

Es begab sich der Ehrwürdige Anuruddho dorthin, wo der
Erhabene weilte, begrüßte ihn ehrerbietig, setzte sich zur
Seite nieder und wandte sich also an den Erhabenen:
„Mit dem himmlischen Auge, dem geläuterten, über
menschliche Grenzen hinausreichenden, sah ich, wie eine
Frau beim Zerfall des Leibes nach dem Tode auf den Abweg
geriet, auf falsche Fährte, zur Tiefe hinab, in höllische Welt,
und wie eine Frau auf gute Fährte geriet, in himmlischer
Welt erschien. Was ist nun, o Herr, der Grund dafür?"
„Mit fünf Dingen ausgestattet, Anuruddho, gelangt eine Frau
beim Zerfall des Leibes nach dem Tode auf den Abweg, auf
falsche Fährte, zur Tiefe hinab, in höllische Welt. Mit welchen fünf?
Sie hat kein Vertrauen, sie ist ohne Scham, sie ist ohne
Scheu *(Anm.: bezogen auf vergangenes und zukünftiges Handeln);*
und entweder zornig oder rachsüchtig, neidisch, geizig,
ehebrecherisch, tugendlos, ohne Erfahrung, träge, ohne
Achtsamkeit, und sie ist fünftens unweise. Oder sie bringt
Lebendiges um, nimmt Nichtgegebenes, ist ausschweifend,
lügt, nimmt berauschende und betörende Mittel zu sich.
Mit diesen fünf Dingen ausgestattet, Anuruddho, gelangt
eine Frau *(Anm.: alles gilt genau so beim Mann)* beim Zerfall des
Leibes nach dem Tode auf den Abweg, auf falsche Fährte,
zur Tiefe hinab, in höllische Welt.
„Mit fünf Dingen ausgestattet, Anuruddho, gelangt eine Frau
beim Zerfall des Leibes nach dem Tode auf gute Fährte, in
himmlische Welt. Mit welchen fünf?
Sie hat Vertrauen, Scham und Scheu; sie ist nicht zornig,
rachsüchtig, neidisch, geizig, ehebrecherisch; sie ist
tugendhaft, hat viel erfahren, ist tatkräftig, ist achtsam, und
fünftens ist sie weise. Oder: Lebendiges umzubringen liegt

ihr fern, das Nehmen von Nichtgegebenem liegt ihr fern, Ausschweifung liegt ihr fern, Lügen liegt ihr fern, berauschende und betörende Mittel liegen ihr fern.

Mit diesen fünf Dingen ausgestattet, Anuruddho, gelangt eine Frau *(Anm.: alles gilt genau so beim Mann)* beim Zerfall des Leibes nach dem Tode auf gute Fährte, in himmlische Welt."

Gruppierte Sammlung Buch 4 S.138

Anlass

Der Erhabene: „Fünf Kräfte, ihr Mönche, hat eine Frau. Welche fünf? Die Kraft der Gestalt, die Kraft des Vermögens, die Kraft der Verwandten, die Kraft der Kinder, die Kraft der Tugend.

Nicht ist, ihr Mönche, die Kraft der Gestalt, des Vermögens, der Verwandten oder der Kinder der Anlass, dass eine Frau beim Zerfall des Leibes, nach dem Tode auf gute Fährte, in himmlische Welt gerät.

Die Kraft der Tugend, ihr Mönche, ist der Anlass, dass eine Frau beim Zerfall des Leibes, nach dem Tode, auf gute Fährte, in himmlische Welt gerät.

Dies sind nun, ihr Mönche, die fünf Kräfte einer Frau."

Gruppierte Sammlung Buch 4 S.141

Angenehm – unangenehm

Der Erhabene: „Mit fünf Eigenschaften ausgestattet, ihr Mönche, ist eine Frau für einen Mann einzig unangenehm. Mit fünf Eigenschaften ausgestattet, ihr Mönche, ist ein Mann für eine Frau einzig unangenehm. Mit welchen fünf:

Keine schöne Gestalt, kein Vermögen, Tugendlosigkeit, Faulheit und Unfruchtbarkeit.

Mit fünf Eigenschaften ausgestattet, ihr Mönche, ist eine Frau für einen Mann einzig angenehm. Mit fünf Eigenschaften ausgestattet, ihr Mönche, ist ein Mann für eine Frau einzig angenehm. Mit welchen fünf:

Schöne Gestalt, Vermögen, Tugend, Fleiß und Fruchtbarkeit."

Gruppierte Sammlung Buch IV S.137

Zusätzliches

Der Erhabene: „Fünf zusätzliche Leiden einer Frau, ihr Mönche, sind es, denen die Frauen, anders als die Männer, unterworfen sind. Welche fünf?

Da muss eine Frau, ihr Mönche, im zarten Alter zur Familie ihres Mannes gehen, muss ihre Verwandten verlassen. Das ist, ihr Mönche, das erste zusätzliche Leiden, dem die Frau, anders als der Mann, unterworfen ist.

Weiter sodann, ihr Mönche, ist eine Frau der Menstruation unterworfen. Das ist, ihr Mönche, das zweite zusätzliche Leiden, dem die Frau, anders als der Mann, unterworfen ist.

Weiter sodann, ihr Mönche, werden Frauen schwanger. Das ist, ihr Mönche, das dritte zusätzliche Leiden, dem eine Frau, anders als ein Mann, unterworfen ist.

Weiter sodann, ihr Mönche, gebären Frauen. Das ist, ihr Mönche, das vierte zusätzliche Leiden, dem Frauen, anders als Männer, unterworfen sind.

Weiter sodann, ihr Mönche, wartet eine Ehefrau dem Ehemanne auf *(Anm.: dienen)*. Das ist, ihr Mönche, das fünfte zusätzliche Leiden, dem die Frau, anders als der Mann, unterworfen ist.

Diesen fünf zusätzlichen Leiden, ihr Mönche, sind die Frauen, anders als die Männer, unterworfen."

Gruppierte Sammlung Buch 4 S.137

Mann und Frau

Der Erhabene: „Durch acht Dinge fesselt die Frau den Mann: durch ihr Weinen, Lachen und Sprechen, durch ihre Kleidung, durch einen aus Waldblumen gebundenen Strauß, durch ihren Duft, ihren Geschmack und ihre Berührung.

Jene Wesen, ihr Mönche, sind gar fest gebunden, die durch Körperberührung gebunden sind.

Und durch eben diese acht Dinge fesselt der Mann die Frau.

Jene Wesen, ihr Mönche, sind gar fest gebunden, die durch Köperberührung gebunden sind.

Angereihte Sammlung Buch 8 S.112

Verbindung und Lösung

„Die Lehre von der Verbindung und Lösung will ich euch weisen, Ihr Mönche.

Eine Frau *(das Weib),* ihr Mönche, hat bei sich den Sinn auf Weiblichkeit gerichtet, auf weibliche Beschäftigung, weibliches Benehmen, weibliche Eitelkeit, weibliche Neigungen, weibliche Stimme und weiblichen Schmuck. Daran Genuss und Gefallen findend, richtet sie nach außen hin den Sinn auf Männlichkeit, auf männliche Beschäftigung, männliches Benehmen, männliche Eitelkeit, männliche Neigungen, männliche Stimme und männlichen Schmuck. Daran aber Genuss und Gefallen findend, sucht sie nach außen hin Verbindung. Und was da infolge der Verbindung an Freude und Fröhlichkeit entsteht, auch das sucht sie. Die an ihrer Weiblichkeit entzückten Wesen sind an die Männer gefesselt. Auf diese Weise kommt eine Frau über ihre Weiblichkeit nicht hinweg.

Ein Mann, ihr Mönche, hat bei sich den Sinn auf Männlichkeit gerichtet, auf männliche Beschäftigung, männliches Benehmen, männliche Eitelkeit, männliche Neigungen, männliche Stimme und männlichen Schmuck. Daran Genuss und Gefallen findend, richtet er nach außen hin den Sinn auf Weiblichkeit, auf weibliche Beschäftigung, weibliches Benehmen, weibliche Eitelkeit, weibliche Neigungen, weibliche Stimme und weiblichen Schmuck. Daran Genuss und Gefallen findend, sucht er nach außen hin Verbindung. Und was da infolge der Verbindung an Freude und Fröhlichkeit entsteht, auch das sucht er. Die an ihrer Männlichkeit entzückten Wesen sind an die Frauen gefesselt. Auf diese Weise kommt der Mann nicht über seine Männlichkeit hinweg.

So kommt es zur Verbindung.

Wie aber kommt es zur Lösung?

Da hat eine Frau bei sich den Sinn nicht auf Weiblichkeit gerichtet, nicht auf weibliche Beschäftigung, weibliches Benehmen, weibliche Eitelkeit, weibliche Neigungen, weibliche Stimme und weiblichen Schmuck. Daran keinen Genuss und Gefallen findend, richtet sie nach außen hin nicht den Sinn auf Männlichkeit, auf männliche Beschäftigung, männliches Benehmen, männliche Eitelkeit, männliche Neigungen, männliche Stimme und männlichen Schmuck. Daran aber keinen Genuss und Gefallen findend, sucht sie nach außen hin keine Verbindung. Und was da infolge der Verbindung an Freude und Fröhlichkeit entsteht, auch das sucht sie nicht. Die an ihrer Weiblichkeit nicht entzückten Wesen haben sich von den Männern gelöst. Auf diese Weise kommt eine Frau über ihre Weiblichkeit hinweg.

Da hat ein Mann bei sich nicht den Sinn auf Männlichkeit gerichtet, nicht auf männliche Beschäftigung, männliches Benehmen, männliche Eitelkeit, männliche Neigungen, männliche Stimme und männlichen Schmuck. Daran nicht Genuss und Gefallen findend, richtet er nach außen hin nicht den Sinn auf Weiblichkeit, auf weibliche Beschäftigung, weibliches Benehmen, weibliche Eitelkeit, weibliche Neigungen, weibliche Stimme und weiblichen Schmuck. Daran aber keinen Genuss und Gefallen findend, sucht er nach außen hin keine Verbindung. Und was da infolge der Verbindung an Freude und Fröhlichkeit entsteht, auch das sucht er nicht. Die an ihrer Männlichkeit nicht entzückten Wesen haben sich von den Frauen gelöst. Auf diese Weise kommt ein Mann über seine Männlichkeit hinweg.

So kommt es zur Lösung. Das, ihr Mönche, ist die Lehre von der Verbindung und Lösung."

Angereihte Sammlung Buch 7 S.33

Visakha

Im Ostkloster bei Savatthi sprach der Erhabene zu Visakha, der Mutter Migaras, also:

„Mit vier Eigenschaften ausgestattet, Visakha, erobert sich eine Frau diese Welt, gewinnt sie diese Welt. Mit welchen vier Eigenschaften?

Da besorgt eine Frau ihre Arbeiten gründlich, nimmt sich ihrer Dienerschaft an, erweist sich liebevoll gegen ihren Gatten und hütet den erworbenen Besitz.

Wie nun besorgt die Frau ihre Arbeiten gründlich? Was es da für den Gatten an häuslichen Arbeiten zu verrichten gibt, wie in Wolle und Baumwolle, darin ist sie tüchtig und eifrig und versteht sich auch auf die richtigen Mittel, zu handeln und anzuordnen.

Wie nun nimmt sie sich ihrer Dienerschaft an? Was das Hausgesinde im Hause ihres Gatten anbetrifft, die Knechte, Diener und Arbeiter, so achtet sie darauf, welche Arbeit von ihnen verrichtet wurde und welche noch nicht verrichtet wurde.

Sind sie krank, so prüft sie, ob sie ihre Arbeit leisten können oder nicht. Harte und weiche Speise verabreicht sie ihnen in gebührendem Maße.

Wie nun erweist sie sich liebevoll gegen ihren Gatten? Was da dem Gatten unangenehm ist, solches tut die Frau nicht für ihr Leben.

Wie nun hütet sie den erworbenen Besitz? Was da der Gatte an Wertgegenständen, an Getreide, Silber und Gold mitbringt, das bewahrt und behütet sie; nicht hintergeht und bestiehlt sie ihn, ist nicht dem Trunke ergeben und richtet ihn nicht zugrunde.

Mit diesen vier Eigenschaften ausgestattet, Visakha, erobert sich eine Frau diese Welt, gewinnt sie diese Welt.

Mit vier Eigenschaften aber ausgestattet, Visakha, erobert sich eine Frau die nächste Welt, gewinnt die nächste Welt. Mit welchen vier Eigenschaften?

Da besitzt die Frau Vertrauen, Sittlichkeit, Freigebigkeit und Weisheit.

Wie nun besitzt eine Frau Vertrauen? Sie ist vertrauensvoll und glaubt an die Erleuchtung des Vollendeten, so nämlich: Dieser Erhabene, wahrlich, ist ein Heiliger, vollkommen Erleuchteter, der im Wissen und Wandel Bewährte, der Gesegnete, der Kenner der Welt, der unübertreffliche Lenker führungsbedürftiger Menschen, der Meister der Götter und Menschen, der Erleuchtete, der Erhabene. –

Wie nun besitzt eine Frau Sittlichkeit? Da enthält sie sich des Tötens, des Nehmens von Nichtgegebenem, des Ehebruchs, des Lügens und des Genusses berauschender Getränke.

Wie nun besitzt eine Frau Freigebigkeit? Da ist sie freigebig, gibt mit offenen Händen, das Geben macht sie froh; den Bedürftigen ist sie zugetan, und sie findet Freude am Austeilen von Almosen.

Wie nun besitzt eine Frau Weisheit? Da ist sie weise, ausge-

rüstet mit jener Weisheit, die das Entstehen und Vergehen begreift, der edlen, durchdringenden, zu völliger Leidens-vernichtung führenden.
Mit diesen vier Dingen ausgerüstet, Vissakha, erobert sich eine Frau die nächste Welt, gewinnt sie die nächste Welt.
Angereihte Sammlung Buch 8 S.146

Die gute Gattin

Einst weilte der Erhabene im Jetahaine bei Savatthi, im Kloster des Anathapindika. Und der Erhabene kleidete sich in der Frühe an, nahm Gewand und Schale und begab sich zur Wohnung Anathapindikas, des Hausvaters. Dort ange-langt, setzte er sich auf dem bereiteten Sitz nieder. Zu jener Zeit aber machten in der Wohnung des Hausvaters Anatha-pindika die Leute einen großen, starken Lärm. Und der Hausvater Anathapindika näherte sich dem Erhabenen, begrüßte ihn ehrerbietig und setzte sich zur Seite nieder. Und der Erhabene sprach zu ihm:
„Warum machen da, o Hausvater, die Leute im Hause solch großen, starken Lärm, gleichwie Fischer beim Feilbieten ihres Fischfangs?"
„Es ist dies, o Herr, Sujata, die Schwiegertochter des Hauses, die aus reichem Hause meinem Sohne als Gattin zugeführt wurde. Diese kümmert sich weder um ihre Schwiegermutter noch um ihren Schwiegervater, noch um ihren Gatten. Selbst nicht einmal den Erhabenen ehrt, achtet, würdigt und schätzt sie."
Darauf rief der Erhabene Sujata, die Schwiegertochter des Hauses, heran, mit den Worten: „Komme heran, Sujata!" –
„Ja, o Herr!", erwiderte Sujata dem Erhabenen. Und Sujata trat vor den Erhabenen, begrüßte ihn ehrfurchtsvoll und setzte sich seitwärts nieder. Der Erhabene sprach zu ihr:
„Sieben Arten von Gattinnen eines Mannes gibt es, Sujata. Welche sieben? Die einem Mörder gleichende, einem Diebe gleichende, einem Herrscher gleichende, einer Mutter glei-chende, einer Schwester gleichende, einer Freundin gleichende und die einer Dienerin gleichende. Welche von diesen aber bist du?"

„Nicht verstehe ich, o Herr, den genauen Sinn dessen, was
da der Erhabene in kurzen Worten gesagt hat. Gut wäre es,
o Herr, wollte mir der Erhabene so die Lehre vortragen, dass
ich den Sinn des vom Erhabenen in Kürze Gesagtem ausführlich verstehen möge."
„So höre denn, Sujata, und achte wohl auf meine Worte!"
„Ja, o Herr!" erwiderte Sujata, und der Erhabene sprach:

„Die bösen Herzens, nicht des Gatten Wohl bedenkt,
nach andern giert, dem eignen Mann Verachtung zollt,
ihn, der durch Schätze sie gewann, zu töten sucht:
Solch eine Gattin, die dem Mann beschieden ist,
mag eine Mörderin mit Recht man nennen.

Wenn von dem Gelde, das der Gatte sich erwirbt,
sei's durch ein Handwerk, Handel oder Ackerbau,
auch wenig nur das Weib zu nehmen sucht:
Solch eine Gattin, die dem Mann beschieden ist,
mag eine Diebin wohl mit Recht man nennen.

Die Frau, die arbeitsscheu, gefräßig, träge ist,
und ungestüm und heftig böse Worte spricht,
den stets bemühten Gatten zu beherrschen sucht:
Solch eine Gattin, die dem Mann beschieden ist,
als herrschbegierig kennt man sie mit Recht.

Die Frau, die stets auf ihres Gatten Wohl bedacht,
die ihn behütet wie die Mutter ihren Sohn,
und die von ihm erworbenen Schätze wohl bewacht:
Solch eine Gattin, die dem Mann beschieden ist,
als Mutter mag mit Recht man sie bezeichnen.

Die, gleich der jüngern Schwester zu der älteren,
voll Achtung gegen ihren Gatten sich benimmt,
von Scham erfüllt sich seinem Willen unterwirft:
Solch eine Gattin, die dem Mann beschieden ist,
als Schwester mag mit Recht man sie bezeichnen.

Die da beim Anblick ihres Gatten voller Freude,
wie Freunde, die nach langer Frist sich wieder sehen,

von edlem Hause, sittenrein, dem Gatten treu:
Solch eine Gattin, die dem Mann beschieden ist,
als Freundin mag mit Recht man sie bezeichnen.

Die ohne Zorn ist und aus Furcht vor Zucht und Strafe
Dem Gatten willig nachgibt ohne Herzensgroll,
und ohne jeden Hass des Gatten Willen tut:
Solch eine Gattin, die dem Mann beschieden ist,
mag eine Dienerin mit Recht man nennen.

Das Weib, das man als Mörderin bezeichnet,
das eine Diebin, eine Herrscherin man nennt,
das sittenlos und grob ist, keine Achtung kennt:
Solch eine Gattin, die dem Mann beschieden ist,
gelangt zur Hölle, wenn dereinst der Leib zerbricht.

Die aber Mutter, Schwester oder Freundin heißt,
die man die Dienerin des Gatten nennen mag,
in Tugend fest, durch lange Jahre wohlbeherrscht,
gelangt zum Himmel, wenn dereinst der Leib zerbricht.

Diese sieben Gattinnen eines Mannes gibt es Sujata.
Als welche aber von diesen bekennst du dich?"

„Von heute ab, o Herr, möge mich der Erhabene als eine
der Dienerin gleichende Gattin des Mannes kennen."
Angereihte Sammlung Buch 7 S.51

Sucimukhi

So habe ich gehört. Einst weilte der Ehrwürdige Sariputra
bei Rajagaha, im Bambus-Hain, am Fütterungsplatz der
Eichhörnchen.
Es hatte sich da der Ehrwürdige Sariputra am Morgen
angekleidet, und mit Gewand und Schale versehen betrat
er Rajagaha um Almosenspeise. Nachdem er in Rajagaha
Haus für Haus um Almosenspeise gegangen war, verzehrte
er das Brockenmahl bei einer Mauer.
Da begab sich die Wanderasketin Sucimukhi zum Ehr-

würdigen Sariputra und sprach zu ihm also:
„Wie nun, o Asket: Isst du wohl nach unten gewandt?" –
Nicht esse ich, Schwester, nach unten gewandt."
„So isst du also, Asket, nach oben gewandt?" – Nicht esse
ich, Schwester, nach oben gewandt."
„So isst du also, Asket, nach den Haupthimmelsrichtungen
gewandt?" – „Nicht esse ich, Schwester, nach den Haupthimmelsrichtungen gewandt."
„So isst du also, Asket, nach den Zwischenrichtungen gewandt?" – „Nicht esse ich, Schwester, nach den Zwischenrichtungen gewandt."
„Wie nun, o Asket: In solcher Weise befragt ... verneinst du
alle diese Fragen. Wie denn eigentlich isst du, o Asket?"

„Diejenigen Asketen und Priester, die durch die niedrige
Kunst der Geomantie, durch solch schlechten Lebensunterhalt, ihr Leben fristen, von denen, o Schwester, sagt man,
dass sie nach unten gewandt essen *(Anm.: Asketen und Priester
sollten nichts durch andere Tätigkeiten dazu verdienen)*.
Diejenigen Asketen und Priester, die durch die niedrige
Kunst der Sterndeutung, durch solch schlechten Lebensunterhalt, Ihr Leben fristen, von denen sagt man, dass sie
nach oben gewandt essen.
Diejenigen Asketen und Priester, o Schwester, die nach
Übernehmen von Aufträgen und Botschaften, durch solch
schlechten Lebensunterhalt, ihr Leben fristen, sagt man,
o Schwester, dass sie nach den Haupthimmelsrichtungen
gewandt essen.
Diejenigen Asketen und Priester, o Schwester, die durch
die niedrige Kunst des Wahrsagens aus Körpermerkmalen,
durch solch schlechten Lebensunterhalt, ihr Leben fristen,
von denen sagt man, o Schwester, dass sie nach den
Zwischenrichtungen gewandt essen.

Ich nun, o Schwester, friste mein Leben nicht durch solch
schlechten Lebensunterhalt wie die niedrige Kunst der
Geomantie und Sterndeutung, durch Übernehmen von
Aufträgen und Botschaften oder die niedrige Kunst des
Wahrsagens aus Körpermerkmalen. In rechtmäßiger Weise
gehe ich auf die Suche nach dem Almosenmahl, und das

in rechter Weise gesuchte Almosenmahl esse ich."
Da ging die Wanderasketin Sucimukhi in Rajagaha von
Straße zu Straße, von Platz zu Platz und verkündete:

„Rechtmäßige Nahrung nehmen die Sakyer-Asketen zu
sich; tadelfreie Nahrung nehmen die Sakyer-Asketen zu
sich. Gebt Almosenspeise den Sakyer-Asketen!"
Gruppierte Sammlung Buch 3 S.211

Verahaccani

Zu einer Zeit weilte der Ehrwürdige Udayi in Kamandaya, im
Mangohaine des Brahmanen Todeyyo. Da begab sich ein
Schüler der Brahmanin aus der Verahaccani-Sippe, ein junger Bursche, zum Ehrwürdigen Udayi, wechselte höflichen
Gruß und freundliche denkwürdige Worte mit ihm und setzte
sich zur Seite nieder. Der Ehrwürdige Udayi ermunterte
diesen Burschen in lehrreichem Gespräch, ermutigte, erhob
und erheiterte ihn. Daraufhin erhob sich dieser Bursche vom
Sitze, begab sich zur Brahmanin aus der Verahaccani-Sippe
und prach also zu ihr:
„Möge die Herrin wissen, das der Asket Udayi die Lehre
darlegt, die am Anfang, in der Mitte und am Ende begütigt:
Sinn- und wortgetreu zeigt er den vollkommen geläuterten
Brahmawandel auf."
„Dann, mein Junge, lade den Asketen Udayi in meinem
Namen morgen zum Mahle ein."
„Gewiss", stimmte er ihr zu und begab sich zum Ehrwür-
digen Udayi. Dort angelangt, sprach er also zu ihm:
„Möge doch der Ehrwürdige Udayi als Lehrer von uns eine
Unterstützung annehmen und morgen das Mahl bei der
Brahmanin aus der Verahaccani-Sippe einnehmen."
Schweigend stimmte der Ehrwürdige Udayi zu.

Als sich nun der Ehrwürdige Udayi nach Ablauf dieser Nacht
am frühen Morgen angekleidet, Mantel und Schale genommen hatte, begab er sich zur Wohnung der Brahmanin aus
der Verahaccani-Sippe. Dort angelangt setzte er sich auf
den vorbereiteten Sitz. Da bediente und versorgte nun die

Brahmanin aus der Verahaccani-Sippe den Ehrwürdigen Uddayi eigenhändig mit ausgewählter fester und flüssiger Speise. Nachdem er gespeist und das Mahl beendet hatte, legte sie ihre Sandalen an, setzte sich auf einen hohen Sitz, bedeckte ihr Haupt und sprach zum Ehrwürdigen Udayi: „Sprich, Asket, über die Lehre!"
„Die Zeit wird kommen, Schwester", sagte er, erhob sich von seinem Sitz und ging fort.

Und zum zweiten Mal begab sich dieser junge Bursche zum Ehrwürdigen Udayi, wechselte höflichen Gruß und freundliche denkwürdige Worte mit ihm und setzte sich zur Seite nieder. Der Ehrwürdige Udayi ermunterte ihn in lehrreichem Gespräch, ermutigte, erregte und erheiterte ihn. Vom Ehrwürdigen Udayi also zum zweiten Mal in lehrreichem Gespräch ermutigt, erregt und erheitert, erhob sich dieser Bursche vom Sitze, begab sich zur Brahmanin aus der Verahaccani-Sippe. Dort angelangt, sprach er also zu ihr: „Möge die Herrin wissen, das der Asket Udayi die Lehre darlegt, die am Anfang, in der Mitte und am Ende begütigt: Sinn- und wortgetreu zeigt er den vollkommen geläuterten Brahmawandel auf."
„Das Lob des Asketen Udayi verkündest du, mein Junge, aber als ich ihn bat: ‚Sprich, Asket, über deine Lehre', erwiderte er: ‚Die Zeit wird kommen, Schwester' erhob sich von seinem Sitz und kehrte ins Kloster zurück."
„O Herrin, du hattest Sandalen angelegt, dich auf einen hohen Sitz gesetzt und das Haupt verhüllt *(Anm.: Ausdrücke der Geringschätzung)* – und dann sagtest du: ‚Sprich, Asket, über die Lehre!'. Diese Herren aber achten die Lehre, halten sie hoch."

„Dann, mein Junge, lade den Asketen Udaji in meinem Namen morgen zum Mahle ein."
„Gewiss", stimmte er ihr zu und begab sich zum Ehrwürdigen Udayi. Dort angelangt, sprach er also zu ihm: „Möge doch der Ehrwürdige Udayi als Lehrer von uns eine Unterstützung annehmen und morgen das Mahl bei der Brahmanin aus der Verahaccani-Sippe einnehmen." Schweigend stimmte der Ehrwürdige Udayi zu.

18

Als sich nun der Ehrwürdige Udayi nach Ablauf dieser Nacht am frühen Morgen angekleidet, Mantel und Schale genommen hatte, begab er sich zur Wohnung der Brahmanin aus der Verahaccani-Sippe. Dort angelangt setzte er sich auf den vorbereiteten Sitz. Da bediente und versorgte nun die Brahmanin aus der Verahaccani-Sippe den Ehrwürdigen Uddayi eigenhändig mit ausgewählter fester und flüssiger Speise. Nachdem er gespeist und das Mahl beendet hatte, legte sie ihre Sandalen ab, setzte sich auf einen niederen Sitz und ließ das Haupt unbedeckt. Dann sprach sie zum Ehrwürdigen Udayi:
„Was muss sein, o Herr, dass die Heiligen Wohl und Wehe erklären? Und was muss nicht sein, dass die Heiligen nicht Wohl und Wehe erklären?"

„Ist, Schwester, das Auge da, das Ohr da, die Nase da, die Zunge da, der Körper da, der Geist da, dann erklären die Heiligen Wohl und Wehe. Ist aber das Auge, das Ohr, die Nase, die Zunge, der Körper, der Geist nicht da, dann erklären die Heiligen auch nicht Wohl und Wehe."

„Vortrefflich, o Herr, vortrefflich, o Herr: Gleichwie etwa, o Herr, als ob einer Umgestürztes aufstellte – oder Verdecktes enthüllte – oder Verirrten den Weg wies – oder ein Licht in die Finsternis hielte: ‚Wer Augen hat, wird die Dinge sehen'; ebenso nun auch hat Herr Udayi die Lehre auf mannigfaltige Weise dargelegt. Und so nehme ich beim Erhabenen Zuflucht, bei der Lehre und bei der Jüngerschaft:
Als Anhängerin möge mich Herr Udayi betrachten, von heute an zeitlebens getreu."
Gruppierte Sammlung Buch 4 S.76

Kapitel 2

Die LAIENJÜNGERINNEN

Der Erhabene: „An der Spitze meiner Laienjüngerinnen stehen:

die zuerst Zuflucht nahm: Sujata, die Tochter Senanis
der Spenderinnen: Visaka, die Mutter Migaras
der Wissensreichen: Uttara, die Bucklige
der in Güte Weilenden: Samavati
der sich Vertiefenden: Uttara, die Mutter des Nanda
der Spenderinnen erlesener Speisen: Suppavasa die
Koliyerin
der für die Kranken Sorgenden: Suppiya, die Laienjüngerin
der unerschütterliches Vertrauen Besitzenden: Katiyani
der Getreuen: Nakulamata, die Hausmutter
der durch bloßes Zuhören Vertrauenden: Kali aus
Kuraghara".

Angereihte Sammlung Buch 1 S.29

Die einzige Tochter

So habe ich gehört. Einst weilte der Erhabene zu Savatthi,
im Jeta-Hain, im Kloster Anathapindikas. Dort wandte sich
der Erhabene an die Mönche:
„Schlimm in ihren Folgen, o Mönche, sind Gewinn, Ehre
und Ruhm; einschneidend und harsch sind sie in ihren
Wirkungen; ein Hindernis bilden sie für die Erreichung der
höchsten Bürdenfreiheit.
Eine vertrauenerfüllte Anhängerin, ihr Mönche, die ihre ein-
zige, geliebte, teure Tochter ermahnt, mit Recht würde sie
sie also ermahnen: ‚Solch eine werde, Liebe, wie Khajjuttara, die Laienanhängerin, oder Nandamata aus Velukanda!'
Der Erhabene: „Diese sind der Maßstab, ihr Mönche, diese
sind die Vorbilder für meine Laienjüngerinnen, nämlich
die Laienanhängerinnen Khajjuttara und Nandamata aus
Velukanda."

Eine vertrauenerfüllte Anhängerin, ihr Mönche, würde ihre
Tochter weiterhin ermahnen: ‚Wenn du aber, Liebe, aus dem
Haus in die Hauslosigkeit hinausziehst, dann werde solch
eine wie die Nonnen Khema oder Uppalavanna!'
Der Erhabene: „Diese sind der Maßstab, ihr Mönche, diese
sind die Vorbilder für meine Jüngerinnen, die Nonnen
Khema und Uppalavanna."
Eine vertrauenerfüllte Anhängerin, ihr Mönche, würde ihre
Tochter weiterhin ermahnen: ‚Nicht mögen dich, Liebe, als
eine Übungsergebene, die das Ziel noch nicht erreicht hat,
Gewinn, Ehre und Ruhm treffen!'
Der Erhabene: „Wenn, ihr Mönche, eine Nonne, die eine
Übungsergebene ist, die das Ziel noch nicht erreicht hat,
Gewinn, Ehre und Ruhm treffen, dann gereicht es ihr zum
Hindernis."
Gruppierte Sammlung Buch 2 S.8

Sechs Vorzüge beim Almosengeben

Einst weilte der Erhabene im Jetahaine bei Savatthi, im
Kloster des Anathapindika. Damals nun wartete die Laienjüngerin Nandamata aus Velukantaka der Mönchsgemeinde,
mit Sariputra und Mogalliana an der Spitze, mit einer von
sechs Vorzügen begleiteten Almosenspende auf. Dies aber
schaute der Erhabene mit dem himmlischen Auge, dem
geklärten, übermenschlichen, und es schauend wandte er
sich an die Mönche und sprach:
„Diese Laienjüngerin Nandamata aus Velukantaka, ihr
Mönche, wartet der Mönchsgemeinde, mit Sariputra und
Mogalliana an der Spitze, mit einer Almosenspende auf,
die von sechs Vorzügen begleitet ist.
Wie aber ist eine von sechs Vorzügen begleitete Almosenspende beschaffen? Da, ihr Mönche, eignen drei Vorzüge
dieser Geberin und drei Vorzüge eignen den Empfängern.
Welches sind aber die drei Vorzüge der Geberin? Da ist die
Geberin schon vor dem Geben frohgestimmt, während des
Gebens erheitert sich ihr Geist, und nach dem Geben fühlt
sie sich zufrieden. Das sind die drei Vorzüge der Geberin.
Welches sind aber die drei Vorzüge der Empfänger? Da sind

die Empfänger der Gier entronnen, oder auf dem Wege, der Gier zu entrinnen; sie sind dem Hass entronnen, oder auf dem Weg, dem Hass zu entrinnen; sie sind der Verblendung entronnen, oder auf dem Weg, der Verblendung zu entrinnen. Das sind die drei Vorzüge der Empfänger.

Somit also eignen dem Geber drei Vorzüge und drei Vorzüge eignen den Empfängern. Insofern, ihr Mönche, ist eine Almosenspende von sechs Vorzügen begleitet. Schwerlich, ihr Mönche, kann man das Verdienst der von den sechs Vorzügen begleiteten Almosenspende ermessen. Gleichwie es, ihr Mönche, nicht möglich ist, das Wasser des großen Meeres zu messen und zu sagen, es seien tausend oder hunderttausend Schöpfmaße Wasser, sondern es eben als eine unermessliche, grenzenlose, gewaltige Wassermasse rechnet: ebenso auch kann man schwerlich den Verdienst der von sechs Vorzügen begleiteten Almosenspende ermessen und sagen, so und so groß sei der Strom des Verdienstes, der Strom des Heilsamen, der Segen bringende, himmlische, Glück erzeugende, himmelwärts leitende, der zu Erwünschtem, Erfreulichem, Angenehmem führt, sondern es rechnet eben als eine unermessliche, grenzenlose, gewaltige Fülle des Verdienstes."

Angereihte Sammlung Buch 6 S.193

Suppavasa

Einst weilte der Erhabene im Lande der Koliyer, in einer Stadt namens Sajanela. Und der Erhabene rüstete sich in der Frühe, nahm Gewand und Almosenschale und begab sich zur Wohnung der Suppavasa, der Koliyerin. Dort angelangt, setzte er sich auf dem angebotenen Sitze nieder. Und Suppavasa bewirtete den Erhabenen und versah ihn eigenhändig mit harter und weicher Speise. Als nun der Erhabene mit dem Mahle fertig war und seine Hand von der Almosenschale zurückgezogen hatte, setzte sich Suppavasa seitwärts nieder.

Und der Erhabene sprach zu ihr also: „Eine edle Laienjüngerin, Suppavasa, die Nahrung darreicht, spendet den Empfängern vierfachen Segen. Welchen vierfachen Segen?

Sie spendet langes Leben, Schönheit, Glück und Kraft. Dadurch aber, dass sie langes Leben spendet, wird ihr selber ein langes himmlisches oder menschliches Leben zuteil; dadurch, dass sie Schönheit spendet, wird ihr selbst himmlische oder menschliche Schönheit zuteil; dadurch, dass sie Glück spendet, wird ihr selbst himmlisches oder menschliches Glück zuteil; dadurch, dass sie Kraft spendet, wird ihr selber himmlische oder menschliche Kraft zuteil. Eine edle Laienjüngerin, Suppavasa, die Nahrung darreicht, spendet dem Empfänger diesen vierfachen Segen."

„Die wohlgekochte Speise, die man spendet,
die reine, ausgewählte, wohlgewürzte,
sie aufrecht Lebenden als Gabe bietend,
die edlen Wandels, hoher Geistesgröße,
und so Verdienste an Verdienste reihend –
solch Speisengabe bringt gar reiche Frucht
und wird vom Weltenkenner auch gepriesen.

Die hochbeseligt durch das Leben wandern
Und solchen Opfers allezeit gedenken,
des Geizes Makel an der Wurzel fällend,
gehen ohne Tadel ein zur Himmelswelt."

Angereihte Sammlung Buch 4 S.63

Der Vorteil des Almosengebens

Einst weilte der Erhabene im Jeta-Haine bei Savatti, im Kloster des Anathapindika. Da begab sich Sumana, die Fürstentochter, mit einem Gefolge von 500 Wagen und 500 Fürstentöchtern zum Erhabenen. Dort angelangt, begrüßte sie den Erhabenen ehrerbietig und setzte sich zur Seite nieder. Seitwärts sitzend, sprach nun Sumana, die Fürstentochter, zum Erhabenen also:
„Gesetzt, o Herr, es seien da zwei Jünger des Erhabenen, die das gleiche Vertrauen haben, die gleiche Sittlichkeit und die gleiche Weisheit. Der eine aber gibt Almosen, der andere nicht. Wenn nun beide beim Zerfall des Körpers, nach dem Tode, auf glücklicher Fährte, in himmlischer Welt wiederer-

scheinen, besteht dann wohl zwischen den als Himmelswesen wiedergeborenen irgendein Unterschied, eine Verschiedenheit?"

„Ja, Sumana, es besteht ein Unterschied", sprach der Erhabene. „Derjenige nämlich, Sumana, der Almosen gegeben hat, übertrifft als Himmelswesen den anderen, der keine Almosen gegeben hat, in fünf Dingen: in himmlischer Lebensdauer, himmlischer Schönheit, himmlischem Glücke, himmlischer Ehre und himmlischer Herrschaft." –
„Wenn nun aber beide, o Herr, von dort abgeschieden, zu dieser Welt zurückkehren sollten, möchte auch dann noch, o Herr, für die als Menschen Wiedergeborenen irgendein Unterschied, eine Verschiedenheit bestehen?" –

„Ja, Sumana" sprach der Erhabene. „Derjenige nämlich, Sumana, der Almosen gegeben hat, wird als menschliches Wesen den anderen, der keine gegeben hat, in fünf Dingen übertreffen: an menschlicher Lebensdauer, menschlicher Schönheit, menschlichem Glücke, menschlicher Ehre und menschlicher Herrschaft." –
„Wenn nun aber, o Herr, beide von Hause fort in die Hauslosigkeit ziehen, besteht dann noch zwischen den in die Hauslosigkeit Gezogenen irgendein Unterschied, eine Verschiedenheit?" –

„Ja, Sumana, es besteht ein Unterschied", sprach der Erhabene. „Derjenige nämlich, Sumana, der Almosen gegeben hat, übertrifft als ein Hausloser den anderen, der keine gegeben hat, in fünf Dingen: Nur auf Bitten benutzt er reichlich Gewänder; wenig aber, wenn nicht gebeten. Nur auf Bitten genießt er reichlich Almosenspeise; wenig aber, wenn nicht gebeten. Nur aus Bitten benutzt er reichliche Wohnstatt; eine bescheidene aber, wenn nicht gebeten. Nur auf Bitten benutzt er reichlich Heilmittel und Arzneien; wenig aber, wenn nicht gebeten. Die Ordensbrüder aber, mit denen er zusammenlebt, erweisen sich ihm in Taten, Worten und Gedanken stets freundlich, nie aber unfreundlich; sie machen ihm stets nur freundliche Anerbieten, nie aber unfreundliche."
„Wenn nun aber, o Herr, beide die Heiligkeit erreichen,

besteht wohl dann noch, nach Erlangung der Heiligkeit, zwischen beiden ein Unterschied, eine Verschiedenheit?" –

„Zwischen Erlösung und Erlösung, Sumana, da freilich gibt es keinerlei Verschiedenheit." –
„Vortrefflich, o Herr! Wunderbar, o Herr! Allen Grund hat man, o Herr, Almosen zu geben und gute Werke zu tun, insofern da die guten Werke einem als Himmelswesen zum Vorteil gereichen, einem als Menschen zum Vorteil gereichen und einem als Hauslosen zum Vorteil gereichen." –
„So ist es, Sumana! So ist es, Sumana! Allen Grund hat man, Almosen zu geben und gute Werke zu tun, insofern da die guten Werke einem als Himmelswesen zum Vorteil gereichen, einem als Menschen zum Vorteil gereichen und einem als Hauslosen zum Vorteil gereichen."
Also sprach der Erhabene. Und nach diesen Worten sprach der Meister, der Gesegnete, noch folgendes:

„Gleichwie der ungetrübte Mond,
durcheilend diesen Himmelsraum,
die Sternenschar der ganzen Welt
mit seinem Glanze überstrahlt,

So überstrahlt der sittenreine,
vertrauensvolle, edle Mensch
die Geizigen in aller Welt
durch seine Gebefreudigkeit.

In hohem Alter, hohem Ansehen,
in Anmut und im Wohlergehen,
und hier von Schätzen überhäuft,
wird dort ihm Himmelsglück zuteil."
Angereihte Sammlung Buch 5 S.25

Ambapali, die Tänzerin

Es vernahm Ambapali, die Tänzerin: ,Der Erhabene, heißt es, ist in Vesali angekommen, hält bei Vesali Rast, im Mangohaine bei mir!' Da ließ nun Ambapali, die Tänzerin,

prächtige Wagen bespannen, bestieg selbst einen solchen und fuhr, gefolgt von manchen anderen, von Vesali hinaus, nach ihrem Garten, da fuhr sie hin. So weit gekommen als man fahren konnte, stieg sie vom Wagen ab und schritt dann zu Fuße dorthin, wo der Erhabene weilte. Dort angelangt begrüßte sie den Erhabenen ehrerbietig und setzte sich beiseite nieder. Ambapali, die da beiseite saß, wurde nun vom Erhabenen in lehrreichem Gespräche ermuntert, ermutigt, erregt und erheitert. Als sie dann vom Erhabenen in lehrreichem Gespräche ermuntert, ermutigt, erregt und erheitert war, sprach sie zum Erhabenen also: „Gewähre mir, o Herr, der Erhabene die Bitte, morgen mit der Jüngerschar bei mir zu speisen!"
Schweigend gewährte der Erhabene die Bitte.
Nachdem nun Ambapali, die Tänzerin, der Zustimmung des Erhabenen gewiss war, stand sie vom Sitze auf, grüßte den Erhabenen ehrerbietig, ging rechts herum und entfernte sich.

Es hörten aber die licchavischen Fürsten von Vesali reden: ,Der Erhabene, sagt man, ist in Vesali angekommen, hält in Vesali Rast, im Haine der Ambapali.' Da ließen denn jene Licchavier prächtige Wagen bespannen, bestiegen selber solche und fuhren mit großem Gepränge *(Anm.: Prunk)* aus der Stadt weg. Einige Licchavier hatten da Blau gewählt, blaue Farben, blaue Gewänder, blaue Geschmeide; andere Licchavier hatten Gelb gewählt, gelbe Farben, gelbe Gewänder, gelbe Geschmeide; andere Licchavier wieder hatten Rot gewählt, rote Farben, rote Gewänder, rote Geschmeide, und wieder andere Licchavier hatten Weiß gewählt, weiße Farben, weiße Gewänder, weiße Geschmeide.

Da kam denn Ambapali, die Tänzerin, den jungen jugendlichen Licchaviern Achse bei Achse, Rad bei Rad, Ross bei Ross auf der Rückfahrt entgegen. Da haben nun jene Licchavier Ambapali, der Tänzerin, zugerufen:
„Warum, he Ambapali, kommst du uns jungen jugendlichen Licchaviern Achse bei Achse, Rad bei Rad, Ross bei Ross entgegengefahren?"
„Weil ich ja eben, gnädige Herren, den Erhabenen eingeladen habe, für morgen zum Mahle mit der Jüngerschaft."

„Überlass' uns, he Ambapali, dieses Gastmahl – um hunderttausend!"

„Und wenn ihr, gnädige Herren, mir gleich Vesali mit seinen Einnahmen zum Geschenk geben würdet, so würde ich ein so gewichtiges Gastmahl doch nicht hergeben."

Da haben denn jene Licchavier mit den Fingern geschnalzt: „Geschlagen hat uns, ei seht nur, die Mangodame; übertrumpft hat uns, ei seht nur, die Mangodame!"

So fuhren denn jene Licchavier weiter, nach dem Haine der Ambapali hin. Es sah aber der Erhabene die Licchavier, wie sie von ferne heranzogen, und wandte sich bei diesem Anblick an die Mönche:

„Wer von den Mönchen die Dreiunddreißig Götter noch nicht gesehen hat, der mag, ihr Mönche, die versammelten Licchavier ansehen und betrachten – der mag, ihr Mönche, die versammelten Licchavier den versammelten Dreiunddreißig als ähnlich vergleichen."

Als nun jene Licchavier so weit gefahren waren als man fahren konnte, stiegen sie von den Wagen ab und begaben sich dann zu Fuße dorthin, wo der Erhabene weilte. Dort angelangt, begrüßten sie den Erhabenen ehrerbietig und setzten sich beiseite nieder. Jene Licchavier, die da beiseite saßen, wurden nun vom Erhabenen in lehrreichem Gespräche ermuntert, ermutigt, erregt und erheitert. Als dann jene Licchavier vom Erhabenen in lehrreichem Gespräche ermuntert, ermutigt, erregt und erheitert waren, sprachen sie zum Erhabenen also:

„Gewähre uns, o Herr, der Erhabene die Bitte, morgen mit der Jüngerschaft bei uns zu speisen!"

„Gewährt habe ich, Licchavier, für morgen Ambapali, der Tänzerin, die Mahlzeit."

Da haben denn jene Licchavier mit den Fingern geschnalzt: „Geschlagen hat uns, ei seht nur, die Mangodame; übertrumpft hat uns, ei seht nur, die Mangodame!"

Asbald sind jene Licchavier, durch des Erhabenen Rede erfreut und befriedigt, von den Sitzen aufgestanden, haben den Erhabenen ehrerbietig begrüßt, sind rechts herumgegangen und von dannen gezogen.

Ambapali, aber, die Tänzerin, ließ am nächsten Morgen in ihrem Garten ausgewählte feste und flüssige Speisen auftragen und sandte alsbald einen Boten an den Erhabenen mit der Meldung: ‚Es ist Zeit, o Herr, das Mahl ist bereit.'
So begann der Erhabene sich beizeiten zu rüsten, nahm Mantel und Almosenschale und begab sich, von der Jüngerschaft begleitet, nach dem Empfangsorte bei Ambapali, der Tänzerin, hin. Dort angelangt, nahm der Erhabene auf dem angebotenen Sitze Platz. Ambapali aber bediente und versorgte eigenhändig den Erwachten voran und die Jüngerschaft mit ausgewählter fester und flüssiger Speise.
Nachdem nun der Erhabene gespeist und das Mahl beendet hatte, nahm Ambapali die Tänzerin einen von den niederen Stühlen zur Hand und setzte sich zur Seite hin.
Zur Seite sitzend sprach dann Ambapali, die Tänzerin, zum Erhabenen also:
„Diesen Garten, o Herr, gebe ich dem Erwachten voran und der Jüngerschaft."
Es nahm der Erhabene den Garten an.
Dann hat noch der Erhabene Ambapali, die Tänzerin, in lehrreichem Gespräche ermuntert, ermutigt, erregt und erheitert, ist sodann aufgestanden und von dannen geschritten.
Längere Sammlung S.249

Die Königin Mallika

Einst weilte der Erhabene im Jetahaine bei Savatti, im Kloster des Anathapindika. Da nun begab sich die Königin Mallika dorthin, wo der Erhabene weilte. Dort angelangt, begrüßte sie den Erhabenen ehrerbietig und setzte sich zur Seite nieder. Seitwärts sitzend sprach nun die Königin Mallika zum Erhabenen also:
„Was ist wohl, o Herr, die Ursache, was der Grund, wenn eine Frau hässlich ist, von unschöner Gestalt, gar übel aussieht, dabei arm und dürftig ist, ohne Vermögen und Macht? Und was, o Herr, ist die Ursache, ist der Grund, wenn eine Frau hübsch ist und von unschöner Gestalt, gar übel aussieht, doch dabei reich und wohlhabend ist, im Besitze von großem Vermögen und großer Macht?

Und was, o Herr, ist die Ursache, was ist der Grund, wenn eine Frau hübsch und stattlich aussieht, Anmut und außergewöhnliche Schönheit besitzt, dabei aber arm und dürftig ist, ohne Vermögen und Macht? Und was, o Herr, ist die Ursache, was ist der Grund, wenn eine Frau hübsch und stattlich aussieht, Anmut und außergewöhnliche Schönheit besitzt, dabei reich und wohlhabend ist, im Besitze von großem Vermögen und großer Macht?"

„Da ist, Mallika, eine Frau jähzornig und äußerst erregbar. Wenn man ihr auch nur das Geringste sagt, wird sie ärgerlich, gerät in Zorn und Wut, ist eigensinnig, legt Verstimmung, Groll und Misstrauen an den Tag. Weder Asketen noch Priestern spendet sie Speise und Trank, Kleidung, Wagen, Wohlgerüche, Blumen, Balsam und das Nötige an Lagerstatt, Wohnung und Beleuchtung. Sie ist neidisch gesinnt, beneidet die anderen um das, was ihnen an Geschenken, Hochschätzung, Achtung, Ehre, Verehrung und Huldigung zuteil wird, sie ist eifersüchtig und missgünstig. Sollte sie nun nach dem Tode zu dieser Welt zurückkehren, wird sie, wo immer sie auch wiedergeboren werden wird, hässlich sein, von unschöner Gestalt, gar übel aussehend, und sie wird arm und dürftig sein, ohne Vermögen und Macht.

Da ist, Mallika, eine Frau jähzornig und äußerst erregbar. Wenn man ihr auch nur das Geringste sagt, wird sie ärgerlich, gerät in Zorn und Wut, ist eigensinnig, legt Verstimmung, Groll und Misstrauen an den Tag. Aber sie spendet den Asketen und Priestern Speise und Trank, Kleidung, Wagen, Wohlgerüche, Blumen, Balsam und das Nötige an Lagerstatt, Wohnung und Beleuchtung. Sie ist nicht neidisch gesinnt, beneidet nicht die anderen um das, was ihnen an Geschenken, Hochschätzung, Achtung, Ehre, Verehrung und Huldigung zuteil wird, sie ist nicht eifersüchtig und missgünstig. Sollte sie nun nach dem Tode zu dieser Welt zurückkehren, wird sie, wo immer sie auch wiedergeboren werden wird, hässlich sein, von unschöner Gestalt, gar übel aussehend, doch sie wird reich und wohlhabend sein, von großem Vermögen und großer Macht.

Da ist, Mallika, eine Frau sanftmütig und geduldig. Wann man ihr auch mancherlei sagt, sie wird nicht ärgerlich, gerät nicht in Zorn und Wut, ist nicht eigensinnig und legt nicht Verstimmung, Groll und Misstrauen an den Tag. Doch sie spendet weder Asketen noch Priestern Speise und Trank, Kleidung, Wagen, Wohlgerüche, Blumen, Balsam und das Nötige an Lagerstatt, Wohnung und Beleuchtung. Sie ist neidisch gesinnt, beneidet die anderen um das, was ihnen an Geschenken, Hochschätzung, Achtung, Ehre, Verehrung und Huldigung zuteil wird, sie ist eifersüchtig und missgünstig. Sollte sie nun nach dem Tode zu dieser Welt zurückkehren, wird sie, wo immer sie auch wiedergeboren werden wird, hübsch und stattlich aussehen, Anmut und außergewöhnliche Schönheit besitzen, aber sie wird arm und bedürftig sein, ohne Vermögen und Macht.

Da ist, Mallika, eine Frau sanftmütig und geduldig. Wann man ihr auch mancherlei sagt, sie wird nicht ärgerlich, gerät nicht in Zorn und Wut, ist nicht eigensinnig und legt nicht Verstimmung, Groll und Misstrauen an den Tag. Sie spendet auch Asketen und Priestern Speise und Trank, Kleidung, Wagen, Wohlgerüche, Blumen, Balsam und das Nötige an Lagerstatt, Wohnung und Beleuchtung. Sie ist nicht neidisch gesinnt, beneidet nicht die anderen um das, was ihnen an Geschenken, Hochschätzung, Achtung, Ehre, Verehrung und Huldigung zuteil wird, sie ist nicht eifersüchtig und missgünstig. Sollte sie nun nach dem Tode zu dieser Welt zurückkehren, wird sie, wo immer sie auch wiedergeboren werden wird, hübsch und stattlich aussehen, Anmut und außergewöhnliche Schönheit besitzen, und sie wird reich und wohlhabend sein, von großem Vermögen und großer Macht."

Nach diesen Worten sprach die Königin Mallika zum Erhabenen also: „Wenn ich nun, o Herr, in früherer Geburt jähzornig und äußerst erregbar war und, wenn man mir nur das geringste sagte, ärgerlich wurde, in Zorn und Wut geriet, eigensinnig war, Verstimmung, Groll und Misstrauen an den Tag legte, so bin ich eben jetzt, o Herr, hässlich, von unschöner Gestalt, sehe gar übel aus. Wenn ich nun, o Herr, in früherer Geburt den Asketen und Priestern Speise und Trank gespendet habe, Kleidung, Wagen, Wohlgerüche, Blumen, Balsam und das Nötige an Lagerstatt, Wohnung und Beleuchtung, so bin ich eben jetzt, o Herr, reich und wohlhabend, im Besitz von großem Vermögen. Wenn ich nun, o Herr, in früherer Geburt nicht neidisch gesinnt war, die anderen nicht um das beneidete, was ihnen an Geschenken, Hochschätzung, Ehre, Verehrung und Huldigen zuteil ward, wenn ich nicht eifersüchtig und missgünstig war, so bin ich eben jetzt, o Herr, von großer Macht.

Es gibt, o Herr, in diesem königlichen Haushalt adelige Jungfrauen, Brahmanenjungfrauen und Bürgermädchen, über die ich als Königin gebiete. Von heute ab, o Herr, will ich nun sanftmütig und geduldig sein. Wenn man mir auch mancherlei sagt, so will ich nicht ärgerlich werden, nicht in Zorn und Wut geraten, nicht eigensinnig sein und nicht Verstimmung, Groll und Misstrauen an den Tag legen. Den Asketen und Priestern will Speise und Trank spenden, Kleidung, Wagen, Wohlgerüche, Blumen, Balsam und das Nötige an Lagerstatt, Wohnung und Beleuchtung. Ich will nicht neidisch gesinnt sein, nicht will ich eifersüchtig sein und missgünstig. Vortrefflich, o Herr! Vortrefflich, o Herr! … So nehme ich, o Herr, meine Zuflucht zum Erhabenen, zur Lehre und zur Mönchsgemeinde. Als Anhängerin möge mich der Erhabene betrachten, als eine, die von heute ab zeitlebens Zuflucht genommen hat.

Angereihte Sammlung Buch 4 S.17

Was einem lieb ist

Eine Aussage des Erleuchteten verbreitete sich allmählich bis an den Hof des Königs Pasenadi von Kosalo. Dieser wandte sich deshalb an seine Gemahlin Mallika:

„Höre, Mallika, dein Asket Gautama hat gesagt: ‚Was einem lieb ist gibt Wehe und Jammer, Gram und Verzweiflung, was von Liebem kommt.'"

„Wenn das, großer König, der Erhabene gesagt hat, dann ist es also."

„Immer doch also gibt diese Mallika, was auch der Asket

Gautama sagen mag, eben aber auch alles zu: ‚Wenn das,
großer König, der Erhabene gesagt hat, dann ist es also'.
Gleichwie etwa der Lehrer dem Schüler was immer auch
sagen mag, und ihm der Schüler eben auf alles zustimmt:
‚So ist es Meister, so ist es Meister', ebenso gibst du,
Mallika, was immer auch da der Asket Gautama sagen mag,
eben aber auch alles zu: ‚Wenn das, großer König, der
Erhabene gesagt hat, dann ist es also.'
Lass' es gut sein, Mallika, hör' auf!"

Da wandte sich Königin Mallika an den Brahmanen Nalijangho und bat ihn:
„Begib dich, Brahmane, zum Erhabenen hin und bring'
dem Erhabenen zu Füßen meinen Gruß dar und wünsche
Gesundheit und Frische, Munterkeit, Stärke und Wohlsein.
‚Mallika', sage, ‚o Herr, die Königin, bringt dem Erhabenen
zu Füßen Gruß dar und wünscht Gesundheit und Frische,
Munterkeit, Stärke und Wohlsein'; und füge hinzu: ‚hat wohl,
o Herr, der Erhabene dieses Wort gesprochen: ‚Was einem
lieb ist gibt Wehe und Jammer, Gram und Verzweiflung, was
von Liebem kommt'? Und wie dir der Erhabene antworten
wird, das merk' dir gut und melde mir. Denn die Vollendeten
reden nicht unvollkommen."

„Schön, Herrin!" entgegnete da gehorsam Nalijangho der
Brahmane Mallika der Königin. Und er begab sich dorthin,
wo der Erhabene weilte, tauschte höflichen Gruß und
freundliche, denkwürdige Worte mit dem Erhabenen und
setzte sich seitwärts nieder. Seitwärts sitzend sprach nun
Nalijangho der Brahmane zum Erhabenen also:
„Mallika, o Gotamo, die Königin, bringt Herrn Gotamo zu
Füßen Gruß dar und wünscht Gesundheit und Frische,
Munterkeit, Stärke und Wohlsein, und sie fügte hinzu: hat
wohl der Erhabene dieses Wort gesprochen: ‚Was einem
lieb ist gibt Wehe und Jammer, Gram und Verzweiflung,
was von Liebem kommt'?"

„So ist es, Brahmane, so ist es Brahmane. Was einem lieb
ist, Brahmane, gibt Wehe und Jammer, Gram und Verzweiflung, was vom Lieben kommt. Darum muss man es eben,

Brahmane, je nach dem Umstand beurteilen, wie da, was einem lieb ist, Wehe und Jammer gibt, Leiden, Gram und Verzweiflung, was von Liebem kommt.

Eines Tages, Brahmane, war eben hier zu Savatthi irgendeiner Frau die Mutter gestorben. Durch den Tod irrsinnig, geistesverstört geworden, lief sie von Straße zu Straße, von Markt zu Markt und schrie: ‚Habt ihr nicht meine Mutter gesehen, habt ihr nicht meine Mutter gesehen?' Darum soll man es eben, Brahmane, je nach dem Umstand beurteilen, wie das, was einem lieb ist, Wehe und Jammer gibt, Leiden, Gram und Verzweiflung, was von Liebem kommt.
Eines Tages, Brahmane, war eben hier zu Savatthi irgendeinem Manne die Mutter gestorben – war der Vater gestorben – war der Bruder – die Schwester – der Sohn – die Tochter – die Ehefrau gestorben. Durch deren Tod irrsinnig, geistesverstört geworden, lief er von Straße zu Straße, von Markt zu Markt und schrie: ‚Habt ihr nicht meine Frau gesehen, habt ihr nicht meine Freu gesehen?' Darum soll man es eben, Brahmane, je nach dem Umstand beurteilen, wie das, was einem lieb ist, Wehe und Jammer gibt, Leiden, Gram und Verzweiflung, was von Liebem kommt.

Eines Tages, Brahmane, war eben hier in Savatthi irgendeine Frau zu Verwandten ins Haus gekommen. Und die Verwandten verboten dieser, mit ihrem Gatten zu leben; sie wollten sie einem anderen vermählen: sie aber mochte den nicht. Und sie beschwor ihren Mann: ‚Diese Verwandten, o Gemahl, reißen mich von dir und wollen mich einem anderen vermählen: ich aber mag den nicht!' Und der Mann gab seiner Frau den Tod und entleibte sich selbst: ‚Gestorben werden wir beisammen sein!' Darum soll man es eben, Brahmane, je nach dem Umstand beurteilen, wie das, was einem lieb ist, Wehe und Jammer gibt, Leiden, Gram und Verzweiflung, was von Liebem kommt."

Und Nalijangho, der Brahmane, durch des Erhabenen Rede erfreut und befriedigt, stand auf und begab sich zu Mallika, der Königin, zurück und berichtete Wort für Wort das ganze Gespräch, das der Erhabene mit ihm gepflogen.

Und Königin Mallika ging nun zum König Pasenadi von Kosalo hin und sprach also:

„Was meinst du wohl, großer König: hast du deine Tochter Vajiri lieb?"

„Gewiss, Mallika, habe ich meine Tochter Vajiri lieb."

„Was meinst du wohl, großer König: wenn deiner Tochter Vajiri etwas geschähe, würdest du da Wehe, Jammer, Leiden, Gram und Verzweiflung empfinden?"

„Wenn, Malika, meiner Tochter Vajiri etwas geschähe, könnt' es auch um mein Leben geschehen sein: wie sollt' ich da etwa nicht Wehe, Jammer, Leiden, Gram und Verzweiflung empfinden!"

„Daran aber, großer König, hat Er gedacht, der Erhabene, der Kenner, der Seher, der Heilige, vollkommen Erwachte, als er gesagt hat: ‚Was einem lieb ist gibt Wehe, Jammer, Leiden, Gram und Verzweiflung, was von Liebem kommt.'

Was meinst du wohl, großer König: hast du die Fürstin Visabha oder den Feldherrn Vidudabho lieb?"

„Gewiss, Mallika, habe ich beide lieb."

„Was meinst du wohl, großer König: wenn ihnen etwas geschähe, würdest du da Wehe, Jammer, Leiden, Gram und Verzweiflung empfinden?"

„Wenn, Malika, Visabha oder Vidudabho etwas geschähe, könnt' es auch um mein Leben geschehen sein: wie sollt' ich da etwa nicht Wehe, Jammer, Leiden, Gram und Verzweiflung empfinden!"

„Daran aber, großer König, hat Er gedacht, der Erhabene, der Kenner, der Seher, der Heilige, vollkommen Erwachte, als er gesagt hat: ‚Was einem lieb ist gibt Wehe, Jammer, Leiden, Gram und Verzweiflung, was von Liebem kommt.'

Was meinst du wohl, großer König: hast du mich lieb?"

„Gewiss, Mallika, habe ich dich lieb."

„Was meinst du wohl, großer König: wenn mir etwas geschähe, würdest du da Wehe, Jammer, Leiden, Gram und Verzweiflung empfinden!"

„Wenn, Malika, dir etwas geschähe, könnt' es auch um mein Leben geschehen sein: wie sollt' ich da etwa nicht Wehe, Jammer, Leiden, Gram und Verzweiflung empfinden!"

„Daran aber, großer König, hat Er gedacht, der Erhabene, der Kenner, der Seher, der Heilige, vollkommen Erwachte, als er gesagt hat: ‚Was einem lieb ist gibt Wehe, Jammer, Leiden, Gram und Verzweiflung, was von Liebem kommt.' Was meinst du wohl, großer König: hast du dein Reich Benares und Kosalo lieb?"

„Sicherlich, Mallika, habe ich mein Reich Benares und Kosalo lieb: durch die Macht meines Reiches Benares und Kosalo besitzen wir Seide und Sandel, haben Schmuck und duftende Salben."

„Was meinst du wohl, großer König: wenn deinem Reich Benares und Kosalo etwas geschähe, würdest du da Wehe, Jammer, Leiden, Gram und Verzweiflung empfinden!"

„Wenn, Malika, meinem Reich Benares und Kosalo etwas geschähe, könnt' es auch um mein Leben geschehen sein: wie sollt' ich da etwa nicht Wehe, Jammer, Leiden, Gram und Verzweiflung empfinden!"

„Daran aber, großer König, hat Er gedacht, der Erhabene, der Kenner, der Seher, der Heilige, vollkommen Erwachte, als er gesagt hat: ‚Was einem lieb ist gibt Wehe, Jammer, Leiden, Gram und Verzweiflung, was von Liebem kommt.'"

„Wunderbar, Mallika, außerordentlich, Mallika, ist es, wie da Er, der Erhabene, weise durchdringend, weise blickt! Wohl denn, Mallika, rühme weiter!"

Und König Pasenadi von Kosalo stand auf von seinem Sitze, entblößte eine Schulter, verneigte sich ehrerbietig nach der Richtung wo der Erhabene weilte, und ließ dann dreimal den Gruß ertönen:

Verehrung dem Erhabenen,
Dem heilig auferwachten Herrn!"

Mittlere Sammlung S.666

Mallika

Ort: Der Königspalast in Savatthi.

Zu jener Zeit aber befand sich der König Pasenadi, der Kosaler, mit seiner Gemahlin Königin Mallika auf dem Söller

seines Palastes *(Anm.: offene Plattform eines Obergeschosses).*
Da nun sprach der König zur Königin:
„Gibt es wohl etwas anderes, Mallika, was dir lieber wäre
als das eigene Selbst?"
„Es gibt für mich, o Großkönig, nichts anderes, was mir
lieber wäre als das eigene Selbst. Gibt es aber für dich,
o Großkönig, etwas anderes, was dir lieber wäre als das
eigene Selbst?"
„Auch für mich, Mallika, gibt es nichts anderes, was mir
lieber wäre als das eigene Selbst."
Da nun stieg der König Pasenadi von seinem Palast herab
und begab sich dahin, wo sich der Erhabene befand.
Dort angekommen und nachdem er den Erhabenen
ehrfurchtsvoll begrüßt hatte, berichtete er wortwörtlich
vom Gespräch mit der Königin Mallika, seiner Gemahlin.
Daraufhin sprach der Erhabene, wie er die Sache zur Kennt-
nis nahm, bei dieser Gelegenheit die folgende Strophe:

„Alle Weltgegenden im Geiste durchwandernd
Findet man doch nirgend etwas, was einem lieber wäre als
das eigene Selbst.
So lieb ist den anderen, jedem sein eigenes Selbst.
Darum soll, wer das eigene Selbst lieb hat, den anderen
nicht verletzen."
Gruppierte Sammlung Buch 1 S.120

Kaligodha

Zu einer Zeit weilte der Erhabene im Lande der Sakyer bei
Kapilavatthu im Feigenbaumkloster. Da erhob sich der
Erhabene in der Morgenfrühe, nahm Mantel und Schale,
ging zum Hause der Sakyerin Kaligodha und setzte sich auf
den bereiteten Sitz. Die Sakyerin Kaligodha ging zum
Erhabenen, begrüßte ihn und setzte sich zur Seite nieder.
Zu der seitwärts sitzenden Kaligodha sprach der Erhabene:
„Wenn eine edle Jüngerin vier Eigenschaften erworben hat,
ist sie in den Strom eingetreten, dem Abweg entronnen, eilt
zielbewusst der vollen Erwachung entgegen.
Da hat, Godha, eine edle Jüngerin unbeirrbare Klarheit beim

Erwachten, der Lehre, der Jüngerschar erworben, und sie lebt im Hause, im Gemüte dem Übel des Geizes entronnen: Sie spürt das Befreiende am Zurücktreten, hat offene Hände, hat Lust am Loslassen, ist offen für Bitten, hat Lust am Verteilen von Gaben. Eine edle Jüngerin, die diese vier Eigenschaften erworben hat, ist in den Strom eingetreten, dem Abweg entronnen, eilt zielbewusst der vollen Erwachung entgegen,"

„Diese vom Erhabenen gezeigten vier Glieder des Stromeintritts finden sich bei mir und können bei mir gesehen werden. Denn ich habe unbeirrbare Klarheit beim Erwachten, der Lehre, der Jüngerschaft erworben. Und was es in der Familie an Dingen gibt, die man geben kann, diese teile ich mit den Tugendhaften, die treffliche Eigenschaften haben."

„Ein Gewinn ist es für dich, Godha, wohl getroffen hast du es, Godha: die Frucht des Stromeintritts hast du erklärt."
Gruppierte Sammlung Buch 5 S.406

Nakulapita und Nakulamata

Einst weilte der Erhabene im Lande der Bhagger, in der Nähe von Sumsumaragira, im Wildpark des Bhesakala-Hains. Und der Erhabene rüstete sich in der Frühe, nahm Gewand und Almosenschale und begab sich zum Hause des Nakulapita, des Hausvaters. Dort angekommen, setzte er sich auf dem angebotenen Sitze nieder.
Darauf traten Nakulapita, der Hausvater, und Nakulamata, die Hausmutter, heran, begrüßten den Erhabenen ehrerbietig und setzten sich zur Seite nieder. Seitwärts sitzend, sprach Nakulapita, der Hausvater, zum Erhabenen also:

„Seit mir, o Herr, der ich damals noch jung war, die ebenfalls junge Nakulamata, die Hausmutter, als Ehefrau zugeführt wurde, wüsste ich nicht, dass sich Nakulamata, die Hausmutter, auch nur in Gedanken vergangen hätte, geschweige denn in Handlungen. Unser Wunsch ist es, o Herr, dass wir einander nicht nur in diesem Leben sehen, sondern uns auch im nächsten Leben sehen werden!"

Und Nakulamata, die Hausmutter sprach zum Erhabenen also: „Seitdem ich, o Herr, die ich damals noch jung war, dem ebenfalls jungen Nakulapita, dem Hausvater, als Ehefrau zugeführt wurde, wüsste ich nicht, dass sich Nakulapita, der Hausvater, auch nur in Gedanken vergangen hätte, geschweige denn in Handlungen. Unser Wunsch ist es, o Herr, dass wir einander nicht nur in diesem Leben sehen, sondern uns auch im nächsten Leben sehen werden!"

Der Erhabene: „Wünschen, ihr Hausleute, zwei Gatten sich einander in diesem Leben und sich auch im nächsten Leben zu sehen, so mögen beide gleiches Vertrauen pflegen, gleichen Sittenwandel, gleiche Freigebigkeit und gleiche Weisheit. Dann werden sie einander in diesem Leben sehen und auch im nächsten Leben.

Beide sind sie mild und gläubig,
selbstbezähmt und treu der Lehre.
Es begegnen solche Gatten
Sich mit liebevollen Worten.

Reicher Segen ist ihr Anteil,
häuslich Glück ist ihnen hold,
und der Feind fühlt sich geschlagen,
da in Tugend beide gleich sind.

Und weil hier sie recht gewandelt,
sich in Tugend ebenbürtig,
werden sie im Himmel jauchzen,
in der Liebe Glück frohlocken."
Angereihte Sammlung Buch 4 S.62

Die Gattin als Ermahnerin des Gatten

Einst weilte der Erhabene im Land der Bhagger, bei Sumsu-maragira, im Wildparke des Bhesakala-Waldes. Zu jener Zeit aber wurde der Hausvater Nakulapita von einer Krankheit befallen, war leidend und schwer krank. Da sprach die Hausmutter Nakulamata zum Hausvater Nakulapita also: „Möchtest du doch, Hausvater, nicht voller Sorgen dahinscheiden!. Qualvoll stirbt man, o Hausvater, wenn man voller Sorgen ist. Getadelt hat der Erhabene den sorgenvollen Tod. Vielleicht, o Hausvater, denkst du: Die Hausmutter Nakulamata wird nach meinem Tod nicht imstande sein, die Kinder zu ernähren und den Haushalt weiterzuführen. – Doch das darfst du nicht denken, Hausvater. Denn ich verstehe mich darauf, Baumwolle zu spinnen und Wolle zu verarbeiten, und dadurch bin ich wohl imstande, die Kinder zu ernähren und den Haushalt weiterzuführen. Mögest du daher, o Hausvater, nicht voller Sorgen dahinscheiden! Qualvoll stirbt man, o Hausvater, wenn man voller Sorgen ist. Getadelt hat der Erhabene den sorgenvollen Tod.

Vielleicht aber, o Hausvater, denkst du: Nach meinem Tod wird die Hausmutter Nakulamata einen anderen Gatten nehmen. – Doch das darfst du nicht glauben, Hausvater. Denn sowohl du, o Hausvater, als auch ich, wir haben beide seit 16 Jahren als Hausleute den keuschen Wandel auf uns genommen. Mögest du daher, o Hausvater, nicht voller Sorgen dahinscheiden! Qualvoll stirbt man, o Hausvater, wenn man voller Sorgen ist. Getadelt hat der Erhabene den sorgenvollen Tod.

Vielleicht aber, o Hausvater, denkst du: Die Hausmutter Nakulamata wird nach meinem Tode kein Verlangen mehr haben, den Erhabenen und die Mönchsgemeinde aufzusuchen. – Doch das darfst du nicht glauben, Hausvater. Denn nach deinem Hinscheiden werde ich um so begieriger sein, den Erhabenen aufzusuchen und die Mönchsgemeinde. Mögest du daher, o Hausvater, nicht voller Sorgen dahinscheiden! Qualvoll stirbt man, o Hausvater, wenn man voller Sorgen ist. Getadelt hat der Erhabene den sorgenvollen Tod.

Vielleicht aber, o Hausvater, denkst du: Nach meinem Tode wird die Hausmutter Nakulamata nicht mehr die Sittenregeln erfüllen. – Doch das darfst du nicht glauben, Hausvater. Denn wenn es unter den weißgekleideten Laienjüngerinnen solche gibt, die die Sittenregeln erfüllen, so bin ich eine von ihnen. Wer darüber Zweifel oder Ungewissheit hat, der möge sich zu ihm, dem Erhabenen, hinbegeben und ihn befragen. Er, der Erhabene, vollkommen Erleuchtete, weilt ja jetzt im Lande der Bhagger, bei Sumsumaragira im Wildpark des Bhesakala-Waldes. Mögest du daher, o Hausvater, nicht voller Sorgen dahinscheiden! Qualvoll stirbt man, o Hausvater, wenn man voller Sorgen ist. Getadelt hat der Erhabene den sorgenvollen Tod.

Vielleicht aber, o Hausvater, denkst du: Die Hausmutter Nakulamata hat noch nicht die innere Ruhe des Geistes erlangt. – Doch das darfst du nicht glauben, Hausvater. Denn wenn es unter den weißgekleideten Laienjüngerinnen solche gibt, die die innere Ruhe des Geistes erlangt haben, so bin ich eine von ihnen. Wer darüber Zweifel oder Ungewissheit hat, der möge sich zu ihm, dem Erhabenen, hinbegeben und ihm befragen. Er, der Erhabene, vollkommen Erleuchtete, weilt ja jetzt im Lande der Bhagger, bei Sumsumaragira im Wildpark des Bhesakala-Waldes. Mögest du daher, o Hausvater, nicht voller Sorgen dahinscheiden! Qualvoll stirbt man, o Hausvater, wenn man voller Sorgen ist. Getadelt hat der Erhabene den sorgenvollen Tod.

Vielleicht aber, o Hausvater, denkst du: Die Hausmutter Nakulamata hat in dieser Lehre und Zucht noch keinen festen Fuß gefasst, keinen Halt und Trost gefunden, ist noch nicht dem Zweifel und der Ungewissheit entronnen, ist noch ohne Selbstvertrauen, noch nicht unabhängig von anderen in des Meisters Satzung. – Doch das darfst du nicht glauben, Hausvater. Denn wenn es unter den weiß-gekleideten Laienjüngerinnen solche gibt, die in dieser Lehre und Zucht festen Fuß gefasst und Halt und Trost gefunden haben, die dem Zweifel und der Ungewissheit entronnen sind und Selbstvertrauen besitzen, unabhängig von anderen in des Meisters Satzung, so bin ich eine von ihnen. Wer darüber Zweifel oder Ungewissheit hat, der möge sich zu ihm, dem Erhabenen, hinbegeben und ihm befragen. Er, der Erhabene, vollkommen Erleuchtete, weilt ja jetzt im Lande der Bhagger, bei Sumsumaragira im Wildpark des Bhesakala-Waldes. Mögest du daher, o Hausvater, nicht voller Sorgen dahinscheiden! Qualvoll stirbt man, o Hausvater, wenn man voller Sorgen ist. Getadelt hat der Erhabene den sorgenvollen Tod.

Als der Hausvater Nakulapita so von der Hausmutter Nakulamata ermahnt worden war, legte sich plötzlich seine Krankheit. Er erhob sich von seinem Krankenlager und hatte die Krankheit überstanden. Kaum aber hatte er sich von seinem Krankenlager erhoben und war genesen, da begab er sich, auf einen Stock gestützt, zum Erhabenen. Bei ihm angelangt, begrüßte er den Erhabenen ehrfurchtsvoll und setzte sich zur Seite nieder.
Und der Erhabene sprach zu Nakulapita, dem Hausvater, also: „Heil dir, o Hausvater! Gut hast du es getroffen, dass du in der Hausmutter Nakulamata eine so fürsorgliche, auf dein Wohl bedachte Ermahnerin und Unterweiserin gefunden hast. Wenn es unter den weißgekleideten Laienjüngerinnen solche gibt, die in dieser Lehre und Zucht festen Fuß gefasst und Halt und Trost gefunden haben, die dem Zweifel und der Ungewissheit entronnen sind und Selbstvertrauen besitzen, unabhängig von anderen in des Meisters Satzung, so ist die Hausmutter Nakulamata eine von ihnen. Gut hast du es getroffen, o Hausvater, dass du in der Hausmutter Nakulamata eine so fürsorgliche, auf dein Wohl bedachte Ermahnerin und Unterweiserin gefunden hast.
Angereihte Sammlung Buch 6 S.176

Höchster Segen

Einst weilte der Erhabene im Bambushaine bei Rajagaha, an der Fütterungsstätte der Eichhörnchen. Da begab sich Cundi, die Fürstentochter, mit einem Gefolge von 500 Wagen und 500 Fürstentöchtern zum Erhabenen. Dort angelangt, begrüßte sie den Erhabenen ehrerbietig und setzte sich zur Seite nieder. Seitwärts sitzend sprach nun Cundi, die Fürstentochter, zum Erhabenen also:
„Mein Bruder, o Herr, Prinz Cunda mit Namen, behauptet: Wer von den Männern oder Frauen zum Erleuchteten, zur

Lehre und zur Mönchsgemeinde Zuflucht genommen hat und absteht vom Töten, vom Nehmen des Nichtgegebenen, vom Ehebruch, von Lüge und vom Genuss berauschender Getränke, der erscheint beim Zerfall des Körpers, nach dem Tode, stets auf glücklicher Fährte wieder, nie auf leidvoller. – Ich frage nun, o Herr, den Erhabenen: Auf welcherart Meister, welcherart Lehre, welcherart Mönchsgemeinde vertrauend, welcherart Sittenregeln befolgend erscheint man beim Zerfall des Körpers, nach dem Tode, stets auf glücklicher Fährte wieder, nie auf leidvoller"? –

„Was es auch, Cundi, an Wesen gibt, an fußlosen, an Zweifüßern, Vierfüßern oder Vielfüßern, an körperlichen oder körperlosen Wesen, an bewussten, unbewussten oder halbbewussten Wesen: als höchster unter ihnen gilt der Vollendete, der Heilige, der vollkommen Erleuchtete. Jene nun, Cundi, die auf den Erleuchteten vertrauen, die vertrauen auf das Höchste. Denen aber, die auf das Höchste vertrauen, ist höchster Segen beschieden.

Was es auch, Cundi, an Lehren gibt, von Gestaltetem oder Ungestaltetem, als Höchstes unter ihnen gilt die Entsüchtung, nämlich die Dünkelzerstörung, die Stillung des Durstes, die Vernichtung des Haftens, das Durchbrechen der Daseinsrunde *(Anm.: Wiedergeburt)*, das Versiegen des Begehrens, die Entsüchtung, das Erlöschen, das Nirvana. Jene nun, Cundi, die auf die Lehre der Entsüchtung vertrauen, die vertrauen auf das Höchste. Denen aber, die auf das Höchste vertrauen, ist höchster Segen beschieden.

Was es auch, Cundi, an Jüngerschaften oder Mönchsgemeinden gibt, als höchste unter ihnen gilt die Jüngerschaft des Vollendeten, als da sind die vier Paare der Heiligen, die acht Arten der Heiligen. Diese Jüngerschaft des Erhabenen ist würdig des Opfers, würdig der Gastspende, würdig der Gaben, würdig des ehrfurchtsvollen Grußes, der beste Boden der Welt für gute Werke. Jene nun, Cundi, die auf die Jüngerschaft vertrauen, die vertrauen auf das Höchste. Denen aber, die auf das Höchste vertrauen, ist höchster Segen beschieden.

Was es auch, Cundi, an Sitten gibt, die den Heiligen lieb sind, als höchste unter ihnen gelten die ungebrochenen, unverletzten, unverdorbenen befreienden, von Verständigen gepriesenen, unbeeinflussten, die geistige Sammlung fördernden. Jene nun, Cundi, welche diese den Edlen lieben Sitten erfüllen, die erfüllen das Höchste. Denen aber, die das Höchste erfüllen, ist höchster Segen beschieden".

Angereihte Sammlung Buch 5 S.28

Sangaravo

Das habe ich gehört. Zu einer Zeit wanderte der Erhabene im Lande Kosalo von Ort zu Ort, von vielen Mönchen begleitet.

Um diese Zeit nun lebte Dhananjani, die Frau eines Priesters, zu Paccalakappam, gläubig ergeben dem Erhabenen, der Lehre und den Jüngern.

Da hielt denn Dhananjani, die Frau des Priesters, mit ihrer Arbeit inne und ließ dreimal den Gruß ertönen:

„Verehrung dem Erhabenen,
Dem heilig auferwachten Herrn!"

Damals war aber Sangaravo, ein junger Brahmane, nach Paccalakappam gezogen, ein Meister der drei Veden, samt ihrer Auslegung und Deutung, samt ihrer Laut- und Formenlehre, und ihren Sagen zufünft, der Gesänge kundig und ein Erklärer, der die Merkmale eines großen Weltweisen aufwies.

Und Sangaravo, der junger Brahmane, hatte gehört, wie Dhananjani, die Frau des Priesters, also gesprochen, und er wandte sich zu ihr:

„Verkümmert ist dieses Priesterweib Dhananjani, verkommen ist dieses Priesterweib Dhananjani, das ja da, wo es Priester, Kenner der drei Veden gibt, jenen kahlgeschorenen Asketen preisen mag!"

„Nicht kennst du ja doch, guter Freund, des Erhabenen Tugend und Weisheit: wenn du, guter Freund, des Erhabenen Tugend und Weisheit kennest, so würdest du, guter Freund, nicht daran denken, Ihn, den Erhabenen zu schmähen und zu schelten."

„Wohl denn, liebe Frau: wenn einmal der Asket Gotamo nach Paccalakappam kommt, so lass' es mir sagen!"

„Gern, guter Freund!", erwiderte da Dhananjani, die Frau

des Priesters, Sangaravo, dem jungen Brahmanen.

Und der Erhabene wanderte im Lande Kosalo von Ort zu Ort weiter und gelangte allmählich nach Paccalakappam. Dort weilte er nun, im Mangohaine der Todeyyer Priester. Da hörte Dhananjani, die Frau des Priesters, reden: ‚Der Erhabene ist in Paccalakappam angekommen und weilt im Mangohaine der Todeyyer Priester!'

Und Dhananjani, die Frau des Priesters, begab sich zu Sangaravo, dem jungen Brahmanen hin und meldete ihm: „Er ist hier, guter Freund! Bei Paccalakappam weilt der Erhabene, im Mangohaine der Todeyyer Priester: wie es dir nun, guter Freund, belieben mag!"

„Schön, liebe Frau!", sagte da freundlich Sangaravo, der junge Brahmane, zu Dhananjani, der Frau des Priesters. Und er begab sich dorthin wo der Erhabene weilte, wechselte höflichen Gruß und freundliche, denkwürdige Worte mit dem Erhabenen, setzte sich seitwärts nieder und sprach zum Erhabenen also:

„Es gibt, o Gotamo, manche Asketen und Priester, die der Erkenntnis letzte Vollendung hiernieden erreicht zu haben glauben. Zu welchen aber, von diesen, gehört da Herr Gotamo?"

„Die der Erkenntnis letzte Vollendung hiernieden erreicht zu haben glauben, sind eben, sag' ich, Sangaravo, verschieden geartet. Es gibt, Sangaravo, manche Asketen und Priester, die glauben, durch Hörensagen – oder manche andere, die ganz aus eigenem Dünkel – der Erkenntnis letzte Vollendung erreicht zu haben glauben.

Zu den Asketen und Priestern, Sangaravo, die da bei nie zuvor erfahrenen Dingen die Wahrheit eben selbst erkannt und der Erkenntnis letzte Vollendung, das Urasketentum, hiernieden erreicht zu haben glauben, zu denen gehör' ich."

„Ernstlich hat sich wohl Herr Gotamo darum bemüht – wie das einem Heiligen, vollkommen Erwachten ansteht. – Sagt mir doch, Herr Gotamo: gibt es Götter?"

„Deutlich merkt man es ja, Sangaravo, ob es Götter gibt."

„Wie denn, o Gotamo: auf die Frage ‚Gibt es Götter?' antwortest du ‚Deutlich merkt man es ja, Sangaravo, ob es Götter gibt'; dann also ist es, o Gotamo, bloße Lüge?"

„'Gibt es Götter?', wer also, Sangaravo, gefragt, ‚Es gibt

Götter' sagte, und wer ‚Deutlich merkt man es ja' sagte:
Ein verständiger Mann wird da wohl den nämlichen Schluss
ziehen, ob es Götter gibt."

„Warum aber hat mir Herr Gotamo nicht sogleich Bescheid
gegeben?"

„Der Edle ist einig geworden, Sangaravo, in der Welt, ob
es Götter gibt."

Nach diesen Worten sprach Sangaravo, der junge Brahmane, zum Erhabenen also:

„Vortrefflich, o Gotamo, vortrefflich, o Gotamo!
Als Anhänger möge mich Herr Gotamo betrachten, von
heute, zeitlebens getreu."

Mittlere Sammlung S.770

Des Herzens Frieden

Einst weilte der ehrwürdige Maha-Kaccana im Lande der
Avantier auf dem Runden Berge bei Kuraragara. Da kam die
Laienjüngerin Kali aus Kuraghara zum ehrwürdigen Maha-
Kaccana, begrüßte ihn ehrerbietig und setzte sich zur Seite
nieder. Seitwärts sitzend sprach sie zum ehrwürdigen Maha-
Kaccana also:

„Dies, o Ehrwürdiger, hat der Erhabene auf die Fragen hinsichtlich der drei Töchter Maras *(Anm.: Begehren, Lust, Gier)*
erwidert:

‚Als ich die Heerschar, die so lieblich schöne,
hatt' überwunden und ich einsam aussann
des Heils Erringung und des Herzens Frieden,
ja, da erkannte, da erschaute ich mein Glück.
Drum wähl' ich keinen Menschen mir zum Freunde,
mach' keinen Menschen zum Genossen mir´.

Wie aber, o Ehrwürdiger, hat man den Sinn dieses kurzen
Verses des Erhabenen zu verstehen?"

„Einige Asketen und Priester, o Schwester, die die Erreichung der Erd-Allheit als Höchstes betrachten, haben dieses Ziel erreicht. Das Höchste aber, o Schwester, das es bei

der Erreichung der Erd-Allheit gibt, das hat der Erhabene erkannt. Und in dieser Erkenntnis hat der Erhabene den Genuss dabei gesehen, hat das Elend gesehen, hat die Entrinnung gesehen und hat den Erkenntnisblick erlangt hinsichtlich des rechten und verkehrten Pfades.

Als er aber Genuss, Elend und Entrinnen sah und den Erkenntnisblick erlangte hinsichtlich des rechten und des verkehrten Pfades, da erkannte er die Erreichung des Ziels und des Herzens Frieden.

Einige Asketen und Priester, o Schwester, die die Erreichung der Wasser-Allheit – der Feuer-Allheit – der Wind-Allheit – der Allheit Blau – der Allheit Gelb – der Allheit Rot – der Allheit Weiß – der Raum-Allheit – der Bewusstseinsallheit als das Höchste betrachten, haben dieses Ziel erreicht. Das Höchste aber, o Schwester, das es bei der Erreichung dieser Allheiten gibt, das hat der Erhabene erkannt. Und in dieser Erkenntnis hat der Erhabene den Genuss dabei gesehen, hat das Elend gesehen, hat die Entrinnung gesehen und hat den Erkenntnisblick erlangt hinsichtlich des rechten und verkehrten Pfades. Als er aber Genuss, Elend und Entrinnen sah und den Erkenntnisblick erlangte hinsichtlich des rechten und des verkehrten Pfades, da erkannte er die Erreichung des Ziels und des Herzens Frieden.

So, o Schwester, hat man den Sinn jener kurzen Worte des Erhabenen ausführlich zu verstehen."

Angereihte Sammlung Buch 10 S.25

Nandamata

So habe ich gehört. Einst befanden sich der ehrwürdige Sariputra und der ehrwürdige Maha-Mogalliana auf einer Wanderung nach Dakhinagiri, zusammen mit einer großen Schar von Mönchen. Damals nun hatte sich die Laienjüngerin Nandamata aus Velukantaka nachts, gegen den Morgen zu, erhoben, und mit gehobenem Tonfall trug sie die Verse vom ‚Weg zum anderen Ufer' vor. Eben zu dieser Zeit nun zog der große König Vessavana von Norden gen Süden wegen irgendeiner Angelegenheit. Der König Vessavana hörte nun, wie die Laienjüngerin Nandamata die Verse vom ‚Weg zum anderen Ufer' in gehobenen Tonfall vortrug.

Es hörend, blieb er stehen, um das Ende des Vortrags abzuwarten. Nachdem die Laienjüngerin Nandamata den Vortrag beendet hatte, schwieg sie.

Als nun der große König Vessavana merkte, dass der Vortrag zu Ende war, gab er seinen Beifall mit den Worten: „Gut so, Schwester! Gut so, Schwester!"

– „Wer ist der edle Herr?"

– „Dein Bruder bin ich, o Schwester, der große König Vessavana."

– „Gut, edler Herr! So gelte dir denn diese von mir vorgetragene Lehrrede als Gastgeschenk!"

– „Gut, Schwester. Dies aber möge mein eigenes Gastgeschenk sein: Morgen früh wird eine Schar von Mönchen mit Sariputra und Mogalliana an der Spitze, in Velukantaka eintreffen, ohne ihr Morgenmahl eingenommen zu haben. Jene Mönchsschar aber mögest du bewirten und ihr meine Gabe darbringen *(Anm.: 1.250 Behälter mit Reis)*. Eben dies soll mein Gastgeschenk sein."

Und nach Verlauf dieser Nacht ließ die Laienjüngerin Nandamata in ihrem eigenen Hause erlesene harte und weiche Speisen zubereiten. Die von Sariputra und Mogalliana geleitete Mönchsschar traf nun in Velukantaka ein, ohne ihr Morgenmahl eingenommen zu haben. Da gab die Laienjüngerin Nandamata einem Manne den Auftrag: „Geh, lieber Mann, begib dich zum Kloster und künde der Mönchsgemeinde die Zeit an und sprich: „Es ist an der Zeit, ihr Erwürdigen. Im Hause der Frau Nandamata steht das Essen bereit." – „Gut, verehrte Frau", erwiderte der Mann, ging zum Kloster und kündete den Mönchen die Zeit an mit den Worten: „Es ist an der Zeit, ihr Erwürdigen. Im Hause der Frau Nandamata steht das Essen bereit."

Die von Sariputra und Mogalliana geleitete Mönchsschar kleidete sich nun an, nahm Gewand und Schale und begab sich zur Wohnung der Laienjüngerin Nandamata. Diese bediente und bewirtete die Mönche eigenhändig mit vorzüglicher harter und weicher Speise. Als sie merkte, dass der ehrwürdige Sariputra das Mahl beendet und die Hände von der Almosenschale zurückgezogen hatte, setzte sie sich zur Seite hin. Und der ehrwürdige Sariputra sprach zu ihr: „Wer, Nandamata, hat dir denn die Ankunft der Mönche mitgeteilt?"

„Als ich da, o Herr, nachts, gegen den frühen Morgen zu, mit gehobenem Tonfall die Verse vom ‚Weg zum anderen Ufer' vorgetragen hatte und dann schwieg, da gab mir der große König Vessavana seinen Beifall mit den Worten: Gut so, Schwester!" – „Wer ist der edle Herr?", fragte ich. – „Dein Bruder bin ich, o Schwester, der große König Vessavana." – „Gut, edler Herr! So gelte dir denn diese von mir vorgetragene Lehrrede als Gastgeschenk!" - „Gut, Schwester. Dies aber möge mein eigenes Gastgeschenk sein: Morgen früh wird eine Schar von Mönchen mit Sariputra und Mogalliana an der Spitze, in Velukantaka eintreffen, ohne ihr Morgenmahl eingenommen zu haben. Jene Mönchsschar aber mögest du bewirten und ihr meine Gabe darbringen. Eben dies soll mein Gastgeschenk sein." - „So möge denn, ehrwürdiger Herr Sariputra, was da mit dieser Gabe an Verdienst und Verdienstesfülle erwirkt wird, dem großen König Vessavana zugute kommen!" „Wunderbar ist es, Nandamata, außerordentlich ist es Nandamata, wie du imstande bist, dich zu unterhalten mit jenem großen Könige Vessavana, diesem so hochmächtigen, hochgewaltigen Göttersohne!"

„Nicht eignet mir, o Herr, bloß diese eine wunderbare, außerordentliche Eigenschaft. Noch eine andere wunderbare, außerordentliche Eigenschaft besitze ich. Einst, o Herr, besaß ich einen einzigen, lieben und teuren Sohn, Nanda mit Namen. Den schleppten die Fürsten bei irgendeiner Gelegenheit mit Gewalt fort und töteten ihn. Nicht aber wüsste ich, o Herr, dass beim oder nach dem Ergreifen, dem Niederschlagen und Töten des Knaben mein Herz eine Veränderung erfahren hätte."

„Wunderbar ist es, Nandamata, außerordentlich ist es Nandamata, wie du die aufsteigenden Gedanken zu läutern vermagst."

49

„Nicht eignet mir, o Herr, bloß diese eine wunderbare, außerordentliche Eigenschaft. Noch eine weitere wunderbare, außerordentliche Eigenschaft besitze ich. Es war da, o Herr, mein Gatte gestorben und in einem Gespensterreiche wiedergeboren, und er zeigte sich mir in seiner früheren Gestalt. Nicht aber wüsste ich, o Herr, dass dabei mein Herz eine Veränderung erfahren hätte."

„Wunderbar ist es, Nandamata, außerordentlich ist es Nandamata, wie du die aufsteigenden Gedanken zu läutern vermagst."

„Nicht eignet mir, o Herr, bloß diese eine wunderbare, außerordentliche Eigenschaft. Noch eine weitere wunderbare, außerordentliche Eigenschaft besitze ich. Seitdem ich, o Herr, als junge Frau meinem jungen Gatten zugeführt wurde, wüsste ich nicht, dass ich mich je gegen meinen Gatten auch nur in Gedanken einer Verfehlung schuldig gemacht hätte, geschweige denn in Taten."

„Wunderbar ist es, Nandamata, außerordentlich ist es Nandamata, wie du die aufsteigenden Gedanken zu läutern vermagst."

„Nicht eignet mir, o Herr, bloß diese eine wunderbare, außerordentliche Eigenschaft. Noch eine weitere wunderbare, außerordentliche Eigenschaft besitze ich. Seit dem ich mich, o Herr, als Laienjüngerin bekannt habe, wüsste ich nicht, dass ich irgendeine Sittenregel wissentlich übertreten hätte."

„Wunderbar ist es, Nandamata, außerordentlich ist es Nandamata."

„Nicht eignet mir, o Herr, bloß diese eine wunderbare, außerordentliche Eigenschaft. Noch eine weitere wunderbare, außerordentliche Eigenschaft besitze ich. Wenn immer ich will, Herr, erreiche ich ganz abgeschieden von den Sinnendingen, abgeschieden von unheilsamen Geisteszuständen, die mit Gedankenfassen und Überlegen verbundene, in der Abgeschiedenheit geborene, von Verzückung und Glücksgefühl erfüllte erste Vertiefung. Nach Stillung von Gedankenfassen und Überlegen erreiche ich den inneren Frieden, die Einheit des Geistes, die von Gedankenfassen und Überlegen freie, in der Sammlung geborene, von Verzückung und Glücksgefühl erfüllte zweite Vertiefung. Nach Loslösung von

der Verzückung weile ich gleichmütig, achtsam, klar bewusst, und ein Glücksgefühl empfinde ich in meinem Inneren, von dem die Edlen künden: Der Gleichmütig-Achtsame weilt beglückt – und so erreiche ich die dritte Vertiefung. Nach dem Schwinden von Wohlgefühl und Leid und dem schon früheren Erlöschen von Frohsinn und Trübsinn erreiche ich die leidlose-freudlose, in der völligen Reinheit von Gleichmut und Achtsamkeit bestehende vierte Vertiefung."
„Wunderbar ist es, Nandamata, außerordentlich ist es Nandamata."
„Nicht eignet mir, o Herr, bloß diese eine wunderbare, außerordentliche Eigenschaft. Noch eine weitere wunderbare, außerordentliche Eigenschaft besitze ich. Von jenen fünf niederen Fesseln, o Herr, die der Erhabene gewiesen hat, bemerke ich auch nicht eine, die ich nicht überwunden hätte."
„Wunderbar ist es, Nandamata, außerordentlich ist es Nandamata."
Nachdem nun der ehrwürdige Sariputra die Laienjüngerin Nandamaka mit einem Lehrgespräch belehrt, ermahnt, ermutigt und ermuntert hatte, erhob er sich von seinem Sitze und entfernte sich.

Angereihte Sammlung Buch 7 S.36

Wachstum

Der Erhabene: „In fünffachem Wachstum, ihr Mönche, wächst die edle Jüngerin im edlen Wachstum, wählt sich den Kern, wählt sich das Beste. In welchen fünf? Sie wächst in Vertrauen, wächst in Tugend, wächst in Erfahrung, wächst in Verzichten, wächst in Weisheit. Mit diesem fünffachem Wachstum, ihr Mönche, wächst die edle Jüngerin im edlen Wachstum, wählt sich den Kern, wählt sich das Beste.

Wer in Vertrauen und in Tugend wächst,
In Weisheit, in Verzichten und Erfahrung auch,
Solch' tugendhafte Laienjüngerin
Wählt sich schon hier das Beste für sich selbst."

Gruppierte Sammlung Buch 4 S.143

Kapitel 3

Die NONNEN

Die Gründung des Nonnenordens

Einst weilte der Erhabene im Lande der Sakyer bei Kapilavatthu im Feigenbaumkloster. Da begab sich Maha-Pajapati
Gotami zum Erhabenen, begrüßte ihn ehrfurchtsvoll, und
seitwärts sitzend, sprach sie also:

„Gut wäre es, o Herr, wenn Frauen die Erlaubnis erhielten,
unter der vom Vollendeten verkündeten Lehre und Zucht
in die Hauslosigkeit zu ziehen."

„...Genug, Gotami! Mögest du es nicht gutheißen, dass
Frauen die Erlaubnis erhalten, unter der vom Vollendeten
verkündeten Lehre und Zucht vom Hause in die Hauslosigkeit zu ziehen."

Und zum zweiten und dritten Male sprach Maha-Pajapati
Gotami zum Erhabenen also:

„Gut wäre es, o Herr, wenn Frauen die Erlaubnis erhielten,
unter der vom Vollendeten verkündeten Lehre und Disziplin
in die Hauslosigkeit zu ziehen."

„Genug, Gotami! Mögest du es nicht gutheißen, dass
Frauen die Erlaubnis erhalten, unter der vom Vollendeten
verkündeten Lehre und Zucht vom Hause in die Hauslosigkeit zu ziehen."

Als nun Maha-Pajapati Gotami sah, dass der Erhabene den
Frauen nicht gestatten wollte, unter der vom Vollendeten
verkündeten Lehre und Zucht vom Hause in die Hauslosigkeit zu ziehen, da war sie voller Schmerz und Trübsal.
Weinend, mit tränenbedecktem Antlitz grüßte sie den
Erhabenen ehrfurchtsvoll, und, ihm die Rechte zukehrend,
entfernte sie sich.

Nachdem nun der Erhabene, solange es ihm gefiel, in
Kapilavatthu geweilt hatte, machte er sich auf den Weg
nach Vesali. Allmählich weiterwandernd, langte er vor Vesali
an und blieb dort im Großen Walde bei Vesali, in der Halle
des Giebelhauses.

Maha-Pajapati Gotami aber ließ sich die Haare scheren, legte fahle Gewänder an und begab sich, von zahlreichen Sakyerinnen begleitet, ebenfalls auf den Weg nach Vesali. Nach und nach kam sie nach Vesali und begab sich zum Großen Walde, zur Halle des Giebelhauses. Mit geschwollenen Füßen und Staub bedeckten Gliedern, voller Schmerz und Trübsal, weinend, Tränen überströmten Antlitzes stand Maha-Pajapati Gotami vor dem Toreingang.

Es sah nun der ehrwürdige Ananda, wie sie da vor dem Toreingang stand, und sprach zu ihr:
„Warum, o Gotami, stehst du so vor dem Toreingange, mit geschwollenen Füßen und Staub bedeckten Gliedern, voller Schmerz und Trübsal, weinend, Tränen überströmten Antlitzes?"
„Weil, o Herr, der Erhabene es den Frauen nicht gestattet hat, unter der vom Vollendeten verkündeten Lehre und Zucht vom Hause in die Hauslosigkeit zu ziehen."
„So warte, Gotami, noch solange hier, bis ich den Erhabenen darum gebeten habe, dass Frauen unter der vom Vollendeten verkündeten Lehre und Zucht vom Hause in die Hauslosigkeit ziehen mögen!"

Und der ehrwürdige Ananda ging zum Erhabenen, begrüßte ihn ehrerbietig und setzte sich zur Seite nieder.
Darauf sprach er zum Erhabenen:
„Maha-Pajapati Gotami, o Herr, steht da vor dem Toreingang, mit geschwollenen Füßen und Staub bedeckten Gliedern, voller Schmerz und Trübsal, weinend, Tränen überströmten Antlitzes, weil nämlich der Erhabene es den Frauen nicht gestattet, unter der vom Vollendeten verkündeten Lehre und Zucht vom Hause in die Hauslosigkeit zu ziehen. Gut wäre es, o Herr, wenn der Erhabene dies gestatten würde."
„Genug, Ananda! Mögest du nicht gutheißen, dass Frauen unter der vom Vollendeten verkündeten Lehre und Zucht vom Hause in die Hauslosigkeit ziehen."
Und zum zweiten und dritten Mal richtete der ehrwürdige Ananda seine Bitte an den Erhabenen. Dieser aber sprach:
„Genug, Ananda! Mögest du nicht gutheißen, dass Frauen

unter der vom Vollendeten verkündeten Lehre und Zucht vom Hause in die Hauslosigkeit ziehen."

Da dachte der ehrwürdige Ananda: 'Nicht will der Erhabene den Frauen gestatten, unter der vom Vollendeten verkündeten Lehre und Zucht vom Hause in die Hauslosigkeit zu ziehen. So will ich denn den Erhabenen noch auf eine andere Weise darum bitten!' –
Und er sprach zu dem Erhabenen wie folgt:
„Ist wohl, o Herr, eine Frau, wenn sie unter der vom Vollendeten verkündeten Lehre und Zucht vom Hause in die Hauslosigkeit zieht, imstande, das Ziel des Stromeintritts, der Einmalwiederkehr, der Nichtwiederkehr und der Heiligkeit zu verwirklichen?"
„Ja, Ananda, dazu ist eine Frau imstande."
Wenn nun also, o Herr, Frauen dazu imstande sind, und weil ja auch Maha-Pajapati Gotami dem Erhabenen große Dienste erwiesen hat, seine Tante ist, seine Erzieherin und Ernährerin war, die den Erhabenen nach dem Tode seiner Mutter mit ihrer eigenen Milch stillte – daher, o Herr, wäre es gut, wenn der Erhabene es den Frauen gestattet, unter der vom Vollendeten verkündeten Lehre und Zucht vom Hause in die Hauslosigkeit zu ziehen."

„Wenn, Ananda, Maha-Pajapati Gotami die acht wichtigen Gebote auf sich nehmen will, so möge das als ihre Weihe gelten:
Eine Nonne soll, auch wenn sie schon vor hundert Jahren die Weihe erhalten hat, selbst einen erst am selben Tag geweihten Mönch ehrerbietig begrüßen, sich vor ihm erheben, ihm den ehrfurchtsvollen Handgruß darbieten und ihm Achtung erweisen. Dieses Gebot soll sie ehren, achten, würdigen, hochhalten und zeitlebens nicht übertreten.
In einer Klause, die den Mönchen nicht zugänglich ist, soll die Nonne nicht die Regenzeit antreten. Auch dieses Gebot soll sie ehren, achten, würdigen, hochhalten und zeitlebens nicht übertreten.
Eine Nonne soll jeden halben Monat die Mönchsgemeinde um zwei Dinge ersuchen: um die Fastentags-Observanz und um den Besuch eines Unterweisers. Auch dieses Gebot

soll sie ehren, achten, würdigen, hochhalten und zeitlebens nicht übertreten.

Wenn die Nonne die Regenzeit-Klausur beendet hat, soll sie beiden Ordensgemeinden in dreifacher Hinsicht Genugtuung geben: darüber, was man während der Regenzeit bei ihr an Verletzungen der Ordensregeln gesehen, gehört oder vermutet hat. Auch dieses Gebot soll sie ehren, achten, würdigen, hochhalten und zeitlebens nicht übertreten.

Wenn die Nonne ein schweres Vergehen begangen hat, so soll sie vor den beiden Ordensgemeinden 14 Tage lang Sühne tun. Auch dieses Gebot soll sie ehren, achten, würdigen, hochhalten und zeitlebens nicht übertreten.

Eine Übende, die sich zwei Jahre lang in den sechs Regeln geübt hat, soll bei den Ordensschwestern um die Weihe nachsuchen Auch dieses Gebot soll sie ehren, achten, würdigen, hochhalten und zeitlebens nicht übertreten.

In keinerlei Weise darf die Nonne einen Mönch mit einer Ermahnung anreden; nicht aber ist es den Mönchen untersagt, die Nonnen mit einer Ermahnung anzureden. Auch dieses Gebot soll sie ehren, achten würdigen, hochhalten. In keinerlei Weise darf die Nonne einen Mönch beschimpfen oder verleumden. Auch dieses Gebot soll sie ehren, achten würdigen, hochhalten und zeitlebens nicht übertreten. Von heute ab ist es den Nonnen untersagt, diese Gebote zeitlebens zu übertreten. Wenn, Ananda, Maha-Pajapati Gotami die acht wichtigen Gebote auf sich nehmen will, so möge das als ihre Weihe gelten." *(Anm.: Dies ist aus der Zeit heraus zu verstehen – auch um die Akzeptanz als Nonne bei den Mönchen und der damaligen Gesellschaft zu erlangen.)*

Nachdem nun der ehrwürdige Ananda vom Erhabenen diese acht wichtigen Gebote gelernt hatte, begab er sich zu Maha-Pajapati Gotami und teilte ihr mit, dass, wenn sie diese acht Gebote auf sich nehmen will, dies dann als ihre Weihe gelten mag.

Maha-Pajapati Gotami sprach. „Gleichwie, o Ananda, wenn eine Frau oder ein Mann, jung, jugendlich, Schmuck liebend, mit rein gewaschenem Haupte, einen Kranz aus Lotusblumen oder Jasmin oder andern wohlriechenden Blüten erhält, ihn mit beiden Händen in Empfang nimmt und ihn auf dem

edelsten Körperteile, dem Haupt, befestigen möchte; genauso nehme ich, o Herr, diese acht zeitlebens nicht zu übertretenden wichtigen Gebote auf mich."
Darauf begab sich der ehrwürdige Ananda zum Erhabenen und sprach: „Maha-Pajapati Gotami, o Herr, hat die acht zeitlebens nicht zu übertretenden wichtigen Gebote auf sich genommen."
Der Erhabene: „ Wie ein Mann, Ananda, bei einem großen Teiche schon im voraus einen Damm errichtet, damit das Wasser nicht überfließen kann, ebenso auch, Ananda, habe ich schon im voraus den Nonnen die acht zeitlebens nicht zu übertretenden wichtigen Gebote gegeben."
Angereihte Sammlung Buch 8 S.148

Der Erhabene: „An der Spitze meiner Nonnen-Jüngerinnen stehen:

die an Ordensjahren Älteste: Maha-Pajapati Gotami
der Weisheitsmächtigen: Khema
der Kenner der Ordenszucht: Patacara
der Lehrrednerinnen: Dhammadina
der sich Vertiefenden: Nanda
der Willensstarken: Sona
der das Himmlische Auge Besitzenden: Sakula
der schnell Auffassenden: Bhadda Kundalakesa
der sich an früheres Dasein Erinnernden: Bhadda Kapilani
der von großer Durchschauung: Bhadda Kaccana
der grobes Gewand Tragenden: Kisa Gotami
der Vertrauensergebenen: Sigala Mata".
Angereihte Sammlung Buch 1 S.28

Die Merkmale der guten Lehre

Im Großen Walde bei Vesali, in der Halle des Giebelhauses. Maha-Pajapati Gotami sprach zum Erhabenen also:
„Gut wäre es, o Herr, wenn mir der Erhabene in kurzen Worten die Lehre darlegte, auf dass ich, nachdem ich vom Erhabenen die Lehre vernommen habe, einsam, abgeschieden, unermüdlich, eifrig und entschlossen weilen möge."

„Bei denjenigen Erscheinungen, Gotami, von denen du weißt, dass sie zur Gier führen und nicht zur Abwendung von der Gier, dass sie zur Bindung führen und nicht zur Loslösung, dass sie zur Aufschichtung führen und nicht zur Abschichtung, dass sie zur Unbescheidenheit führen und nicht zur Bescheidenheit, zur Ungenügsamkeit und nicht zur Genügsamkeit, zur Geselligkeit und nicht zur Abgeschiedenheit, zur Trägheit und nicht zur Willenskraft, dass sie zu Unterstützungsschwierigkeiten führen und nicht zu leichter Unterstützbarkeit, da magst du als sicher annehmen, dass dies nicht die Lehre ist, nicht die Zucht, nicht die Weisung des Meisters.

Bei denjenigen Erscheinungen aber, Gotami, von denen du weißt, dass sie zur Abwendung von der Gier führen und nicht zur Gier, dass sie zur Loslösung führen und nicht zur Bindung, zur Abschichtung und nicht zur Aufschichtung, zur Bescheidenheit und nicht zur Unbescheidenheit, zur Genügsamkeit und nicht zur Ungenügsamkeit, zur Abgeschiedenheit und nicht zur Geselligkeit, zur Willenskraft und nicht zur Trägheit, dass sie zu leichter Unterstützbarkeit führen und nicht zu Unterstützungsschwierigkeiten, da magst du als sicher annehmen, dass dies die Lehre ist, dies die Zucht, dies die Weisung des Meisters."

Angereihte Sammlung Buch 8 S.152

Tausend

In Savatthi. Der Erhabene sprach zu einer Schar von tausend Nonnen, die sich ihm zur Seite gestellt hatten: „Wenn auch, ihr Nonnen, ein König als Kaiser über die vier Kontinente die Herrschermacht ausgeübt hat und beim Zerfall des Körpers nach dem Tode auf gute Fährte gelangte, in himmlische Welt, in die Gemeinschaft der Götter der Dreiunddreißig, und dort, im seligen Haine von Scharen von Nymphen umgeben, mit den himmlischen fünf Wunschgenüssen versehen wäre, so wäre er mit jenen Dingen doch der Hölle nicht völlig entgangen, wäre dem Tierschoß nicht völlig entgangen, wäre dem Gespensterreich nicht völlig entgangen, wäre dem Abweg, der Leidensfährte, dem

Verderben nicht völlig entgangen.

Wenn auch eine, ihr Nonnen, als edle Jüngerin sich von Bettelbrocken nährt und in Lumpen gekleidet ist, so besäße sie doch vier Eigenschaften: Sie wäre der Hölle völlig entgangen, wäre dem Tierschoß völlig entgangen, wäre dem Gespensterreich völlig entgangen, wäre dem Abweg, der Leidensfährte, dem Verderben völlig entgangen.
Welche vier Eigenschaften besäße sie?

Da hat, ihr Nonnen, die edle Jüngerin unbeirrbare Klarheit über den Erwachten erworben: ‚Das ist der Erhabene, Heilige, Vollkommen Erwachte, der Wissens- und Wandels-Bewährte, der Willkommene, der Welt Kenner, der unvergleichliche Leiter der anleitungsbedürftigen Menschen, der Meister der Götter und Menschen, der Erwachte, der Erhabene'.

Sie hat unbeirrbare Klarheit bei der Lehre *(Anm.: Dharma)* erworben. ‚Wohl dargelegt ist vom Erhabenen die Lehre, die ersichtliche, zeitlose, einladende, hinführende, den Verständigen von selbst verständlich.'

Sie hat unbeirrbare Klarheit bei der Gemeinschaft der Jünger und Jüngerinnen *(Anm.: Sangha)* erworben: ‚Gut geht beim Erhabenen die Sangha vor; ehrlich geht beim Erhabenen die Sangha vor; methodisch geht beim Erhabenen die Sangha vor; richtig geht beim Erhabenen die Sangha vor, nämlich die vier Paare von Menschen *(Anm.: Stromeingetretene, Einmalwiederkehrer, Nichtwiederkehrer, Heilige)* nach acht Arten von Personen. Dies ist des Erhabenen Sangha, die Opfer, Spende und Gabe, ehrfurchtsvollen Gruß verdient – bestes Feld für Verdienst in der Welt.'

Sie hat die Tugenden *(Anm.: s. S.7)*, die Edlen lieb sind, erworben, unzerstückelt, unbeschnitten, ungemustert, ungesprenkelt, aus freien Stücken, von Verständigen gepriesen, die unüberschätzten, die zur Einigung führen. Diese vier Eigenschaften hat sie erworben.

Man kann, ihr Nonnen, die vier Kontinente erlangen, und man kann diese vier Eigenschaften erlangen. Die Erlangung der vier Kontinente ist nicht ein Sechzehntel der Erlangung dieser vier Eigenschaften wert."

Gruppierte Sammlung Buch 5 S.385

Nandako

Das habe ich gehört. Zu einer Zeit weilte der Erhabene bei Savatthi, im Siegerwalde, im Garten Anathapindikas.

Da nun begab sich Maha-Pajapati Gotami, gefolgt von einer Schar von fünfhundert Nonnen, zum Erhabenen hin, bot ehrerbietigen Gruß dar und stellte sie seitwärts.

Seitwärts stehend sprach nun Maha-Pajapati Gotami zum Erhabenen:

„Belehren möge, o Herr, der Erhabene die Nonnen; unterrichten möge, o Herr, der Erhabene die Nonnen; spenden möge, o Herr, der Erhabene den Nonnen ein lehrreiches Gespräch!"

Damals hielten die Ordensältesten, der Reihe nach, den Nonnen Vorträge. Als aber die Reihe an den ehrwürdigen Nandako gekommen war, mochte er den Nonnen keinen Vortrag zu halten.

Und der Erhabene wandte sich an den ehrwürdigen Ananda:

„An wem ist doch, Ananda, heute die Reihe, den Nonnen Vortrag zu halten?"

„Wir alle, o Herr, haben schon der Reihe nach den Nonnen Vortrag gehalten. Der ehrwürdige Nandako hier, o Herr, der mag den Nonnen keinen Vortrag halten."

Und der Erhabene wandte sich an den ehrwürdigen Nandako:

„Belehre, Nandako, die Nonnen; unterrichte, Nandako, die Nonnen; spende du, Heiliger, den Nonnen ein lehrreiches Gespräch."

„Wohl, o Herr!", sagte der ehrwürdige Nandako, dem Erhabenen gehorchend. Und er rüstete sich beizeiten, nahm Mantel und Schale und ging nach Savatthi um Almosenspeise. Als er dort, von Haus zu Hause tretend, Almosen erhalten hatte, kehrte er zurück, nahm das Mahl ein und begab sich dann nach dem Königsgarten.

Es sahen aber jene Nonnen den ehrwürdigen Nandako von ferne herankommen, und sie stellten ihm einen Stuhl zurecht und Wasser für die Füße. Es setzte sich der ehrwürdige Nandako auf den angebotenen Platz und spülte sich die Füße ab. Jene Nonnen boten nun dem ehrwürdigen Nandako ehrerbietigen Gruß dar und setzten sich seitwärts hin und der ehrwürdige Nandako sprach zu ihnen also:

„Ein Gespräch, ihr Schwestern, mit Frage und Antwort mag stattfinden. Da habt ihr, versteht ihr es, ‚Wir verstehen es' zu sagen; versteht ihr es nicht, ‚Wir verstehen es nicht' zu sagen. Hat aber eine etwa einen Zweifel oder ein Bedenken, so bin ich eben da, um gefragt zu werden: ‚Wie ist das, o Herr, was ist der Sinn davon?'"
„Wir wissen es, o Herr, gar froh zum Danke, dass uns der ehrenreiche Nandako dies gestattet."

„Was meint ihr wohl, Schwestern: ist das Auge unvergäng-lich oder vergänglich?"
„Vergänglich, o Herr!"
„Was aber vergänglich, ist das weh' oder wohl?"
„Weh', o Herr!"
„Was aber vergänglich, wehe, wandelbar ist, kann man davon behaupten: ‚Das gehört mir, das bin ich, das ist mein Selbst'?"
„Gewiss nicht, o Herr!"
„Was meint ihr wohl, Schwestern: ist das Ohr, die Nase, die Zunge, der Leib, der Geist unvergänglich oder vergänglich?"
„Vergänglich, o Herr!"
„Was aber vergänglich, ist das weh' oder wohl?"
„Weh', o Herr!"
„Was aber vergänglich, wehe, wandelbar ist, kann man davon behaupten: ‚Das gehört mir, das bin ich, das ist mein Selbst'?"
„Gewiss nicht, o Herr!"
„Wir haben es ja schon vormals, o Herr, der Wahrheit gemäß, mit vollkommener Weisheit klar gesehen: ‚So und so sind bei mir die sechs inneren Gebiete vergänglich'."

„Recht so, recht so, Schwestern. Also, freilich ihr Schwes-tern, sieht man es der Wahrheit gemäß mit vollkommener Weisheit an.
Was meint ihr wohl, Schwestern, sind die Formen unver-

gänglich oder vergänglich?"

„Vergänglich, o Herr!"

„Was aber vergänglich, ist das weh' oder wohl?"

„Weh', o Herr!"

„Was aber vergänglich, wehe, wandelbar ist, kann man davon behaupten: ‚Das gehört mir, das bin ich, das ist mein Selbst'?"

„Gewiss nicht, o Herr!"

„Was meint ihr wohl, Schwestern: sind die Töne, die Düfte, die Säfte, die Berührungen, die Gedanken unvergänglich oder vergänglich?"

„Vergänglich, o Herr!"

„Was aber vergänglich, ist das weh' oder wohl?"

„Weh', o Herr!"

„Was aber vergänglich, wehe, wandelbar ist, kann man davon behaupten: ‚Das gehört mir, das bin ich, das ist mein Selbst'?"

„Gewiss nicht, o Herr!"

„Und warum nicht?"

„Wir haben es ja schon vormals, o Herr, der Wahrheit gemäß, mit vollkommener Weisheit klar gesehen: ‚So und so sind bei mir die sechs äußeren Gebiete vergänglich'."

„Recht so, recht so, Schwestern. Also, freilich ihr Schwestern, sieht man es der Wahrheit gemäß mit vollkommener Weisheit an.

Was meint ihr wohl, Schwestern: ist das Sehbewusstsein unvergänglich oder vergänglich?"

„Vergänglich, o Herr!"

„Was aber vergänglich, ist das weh' oder wohl?"

„Weh', o Herr!"

„Was aber vergänglich, wehe, wandelbar ist, kann man davon behaupten: ‚Das gehört mir, das bin ich, das ist mein Selbst'?"

„Gewiss nicht, o Herr!"

„Was meint ihr wohl, Schwestern, ist das Hörbewusstsein, das Riechbewusstsein, das Schmeckbewusstsein, das Tastbewusstsein, das Denkbewusstsein unvergänglich oder vergänglich?"

„Vergänglich, o Herr!"

„Was aber vergänglich, ist das weh' oder wohl?"

„Weh', o Herr!"

„Was aber vergänglich, wehe, wandelbar ist, kann man davon behaupten: ‚Das gehört mir, das bin ich, das ist mein Selbst'?"

„Gewiss nicht, o Herr!"

„Und warum nicht?"

„Wir haben es ja schon vormals, o Herr, der Wahrheit gemäß, mit vollkommener Weisheit klar gesehen: ‚So und so sind bei mir die sechs bewusstsamen Reiche vergänglich'."

„Recht so, recht so, Schwestern. Also, freilich ihr Schwestern, sieht man es der Wahrheit gemäß mit vollkommener Weisheit an. Gleichwie etwa, ihr Schwestern, bei einer brennenden Öllampe das Öl vergänglich, wandelbar ist, der Docht vergänglich, wandelbar ist, die Flamme vergänglich, wandelbar ist, der Schein vergänglich, wandelbar ist. Wer da nun, ihr Schwestern, etwa sagte: ‚Bei dieser brennenden Öllampe sind zwar Öl, Docht und Flamme vergänglich, wandelbar, aber ihr Schein, der ist unvergänglich, beharrend, ewig, unwandelbar': würde der wohl, ihr Schwestern, solches mit Recht sagen?"

„Gewiss nicht, o Herr!"

„Und warum nicht?"

„Bei einer brennenden Öllampe sind ja Öl, Docht und Flamme vergänglich, wandelbar: wie erst ihr Schein!"

„Ebenso nun auch, ihr Schwestern, wenn einer etwa sagte: ‚Die sechs inneren Gebiete sind bei mir vergänglich, wandelbar: was mich da auf Grund der inneren Gebiete Wohl und Weh oder weder Wohl noch Weh empfinden lässt, das ist unvergänglich, beharrend, ewig, unwandelbar': würde der etwa, ihr Schwestern, solches mit Recht sagen?"

„Gewiss nicht, o Herr!"

„Und warum nicht?"

„Durch eine also und also bedingte Ursache, o Herr, kommt eine also und also bedingte Empfindung zustande: durch einer also und also bedingten Ursache Auflösung wird eine also und also bedingte Empfindung aufgelöst."

„Recht so, recht so, Schwestern. Also, freilich ihr Schwestern, sieht man es der Wahrheit gemäß mit vollkommener Weisheit an.

Ebenso nun auch, ihr Schwestern, wenn einer sagte: ‚Die sechs äußeren Gebiete sind bei mir vergänglich, wandelbar: was mich da auf Grund der äußeren Gebiete Wohl und Weh oder weder Wohl noch Weh empfinden lässt, das ist unvergänglich, beharrend, ewig, unwandelbar‘: würde der etwa, ihr Schwestern, solches mit Recht sagen?"

„Gewiss nicht, o Herr!"

„Und warum nicht?"

„Durch eine also und also bedingte Ursache, o Herr, kommt eine also und also bedingte Empfindung zustande: durch einer also und also bedingten Ursache Auflösung wird eine also und also bedingte Empfindung aufgelöst."

„Recht so, recht so, Schwestern. Also, freilich ihr Schwestern, sieht man es der Wahrheit gemäß mit vollkommener Weisheit an.

Gleichwie, ihr Schwestern, wenn ein geschickter Schlachter eine Kuh schlachtet und sie mit scharf geschliffenem Messer zerlegte, ohne die inneren Fleischteile oder das äußere Fell zu zerreißen; und was innen an Muskeln, Flechsen und Sehnen da ist, eben das mit scharf geschliffenem Messer abgetrennt, rings herabgeschnitten, das äußere Fell losgelöst hätte, mit ebendiesem Felle die Kuh wieder bedeckte und nun sagte: ‚Ganz wiederverbunden ist hier die Kuh mit ihrem Felle‘: würde der wohl, ihr Schwestern, solches mit Recht sagen?"

„Gewiss nicht, o Herr!"

„Und warum nicht?"

„Mag auch, o Herr, ein geschickter Schlächter auf diese Art das Fell losgelöst haben und mit diesem Felle die Kuh wieder bedeckt haben und mag er sagen: ‚Ganz wiederverbunden ist hier die Kuh mit ihrem Felle‘: so ist da die Kuh eben nicht mehr verbunden mit ihrem Felle."

„Ein Gleichnis habe ich da, ihr Schwestern, gegeben, um den Sinn zu erklären. Das aber ist nun der Sinn. Die inneren Fleischteile: das ist, ihr Schwestern, eine Bezeichnung der sechs inneren Gebiete. Das äußere Fell; das ist eine Bezeichnung der sechs äußeren Gebiete. Innen die Muskeln, Flechsen und Sehnen: das ist eine Bezeichnung der Lustbegier. Das scharf geschliffene Messer: das ist, ihr Schwestern, eine Bezeichnung der heiligen Weisheit, jener heiligen Weisheit, die was innen an Festhalten, innen an Fesseln, innen an Sehnen ist, abtrennt, abschneidet, rings herabschneidet.

Sieben Erweckungen sind es, ihr Schwestern, durch deren Übung und Ausbildung Mönche oder Nonnen den Wahn versiegen und die wahnlose Gemütserlösung, Weisheitserlösung noch bei Lebzeiten sich offenbar machen, verwirklichen und erringen können: und welche sieben? Da übt man, ihr Schwestern, der Einsicht Erweckung, die abgeschieden gezeugte, abgelöst gezeugte, ausgerodet gezeugte, die in Erlösung übergeht; übt des Tiefsinns – der Kraft – der Heiterkeit – der Lindheit – der Innigkeit – des Gleichmuts Erweckung, die abgeschieden gezeugte, abgelöst gezeugte, ausgerodet gezeugte, die in Erlösung übergeht. Das sind, ihr Schwestern, die sieben Erweckungen, durch deren Übung und Ausbildung Mönche oder Nonnen den Wahn versiegen und die wahnlose Gemütserlösung, Weisheitserlösung noch bei Lebzeiten sich offenbar machen, verwirklichen und erringen können."
Nachdem nun der ehrwürdige Nandako jene Nonnen also aufgeklärt hatte, ermahnte er sie:
„Geht nun, ihr Schwestern, es ist an der Zeit."

Da waren denn jene Nonnen durch des ehrwürdigen Nandako Rede erfreut und befriedigt; und sie standen von ihren Sitzen auf, boten dem ehrwürdigen Nandako ehrerbietigen Gruß dar, schritten rechts herum und begaben sich dorthin, wo der Erhabene weilte. Dort angelangt boten sie dem Erhabenen ehrerbietigen Gruß dar und stellten sich seitwärts hin. Zu jenen Nonnen sprach der Erhabene also:
„Geht nun, ihr Nonnen, es ist an der Zeit."

Und die Nonnen boten dem Erhabenen ehrerbietigen Gruß dar, schritten rechts herum und entfernten sich.
Da wandte sich der Erhabene an die Mönche:

„Gleichwie etwa, ihr Mönche, am Feiertage, in der vollen Mondnacht, gar manche Leute nicht mehr in Zweifel und Bedenken geraten, ‚Nimmt der Mond noch zu, oder ist er schon voll geworden?' sondern es ist eben der Mond schon voll geworden: ebenso nun auch, ihr Mönche, sind jene Nonnen durch Nandakos Darlegung der Lehre erfreut worden und vollkommen zufriedengestellt. Wer da, ihr Mönche, jener fünfhundert Nonnen geringste Nonne ist, ist zur Hörerschaft gelangt, dem Verderben entronnen, eilt zielbewusst der vollen Erwachung entgegen."

Also sprach der Erhabene. Zufrieden freuten sich jene Mönche über das Wort des Erhabenen.

Mittlere Sammlung S.1055

Die Wohnung der Nonnen

In Savatthi. Nachdem sich der Ehrwürdige Ananda in der Frühe angekleidet hatte, nahm er Mantel und Schale und begab sich zu einem Nonnenkloster. Dort angekommen, setzte er sich auf vorbereitetem Sitz nieder. Da begaben sich einige Nonnen dorthin, wo der Ehrwürdige Ananda weilte, begrüßten ihn ehrfurchtsvoll, setzten sich zur Seite nieder und wandten sich also an ihn:

„Es gibt hier, Herr Ananda, einige Nonnen, die haben ihr Herz bei den vier Pfeilern der Achtsamkeit *(Anm.: man wacht beim Körper über den Körper, bei den Gefühlen über die Gefühle, beim Herzen (Geist) über das Herz, bei den Erscheinungen über die Erscheinungen)* wohlgefestigt und ein gewaltiges, allmählich gemerktes Ergebnis erfahren."

„So ist es, Schwestern. So ist es, Schwestern. Wahrlich, o Schwestern, wer da als Mönch oder Nonne sein Herz bei den vier Pfeilern der Achtsamkeit wohlgefestigt hat, von dem ist zu erwarten, dass er ein gewaltiges, allmählich gemerktes Ergebnis erfahren wird."

Nachdem nun der Ehrwürdige Ananda die Nonnen durch ein Lehrgespräch unterwiesen, angeregt, erhoben und erheitert hatte, stand er auf und entfernte sich.

Darauf ging der Ehrwürdige Ananda in Savatthi um Almosenspeise, und nach Rückkehr vom Almosengang, nach beendetem Mahle, begab er sich zum Erhabenen, begrüßte ihn ehrfurchsvoll, setzte sich zur Seite nieder und berichtete ihm von seinem Gespräch im Nonnenkloster.

Und der Erhabene sagte:

„So ist es, Ananda. So ist es Ananda. Wahrlich, o Ananda, wer da als Mönch oder Nonne sein Herz bei den vier Pfeilern der Achtsamkeit wohlgefestigt hat, von dem ist zu erwarten, dass er ein gewaltiges, allmählich gemerktes Ergebnis erfahren wird."

Gruppierte Sammlung Buch 4 S.295

Die Heilung der Liebeskranken

So habe ich gehört. Eines Tages weilte der ehrwürdige Ananda im Ghosita Kloster bei Kosambi. Da nun gab eine Nonne einem gewissen Manne den Auftrag. „Geh, lieber Mann, begib dich zum ehrwürdigen Ananda, verneige dich in meinem Namen ehrfurchtsvoll zu Füßen des ehrwürdigen Ananda und sprich: „Eine Nonne mit dem und dem Namen, o Herr, ist von einer Krankheit befallen, ist leidend und schwer krank, und sie verneigt sich ehrfurchtsvoll zu Füßen des ehrwürdigen Ananda. Gut wäre es, o Herr, wollte sich der ehrwürdige Ananda, von Mitleid bewogen zum Nonnenkloster begeben, wo jene Nonne weilt." – „Ja Ehrwürdige" erwiderte jener Mann zur Nonne und begab sich dorthin, wo der ehrwürdige Ananda weilte. Dort angelangt begrüßte er den ehrwürdigen Ananda ehrerbietig und setzte sich zur Seite nieder. Seitwärts sitzend sprach jener Mann zum ehrwürdigen Ananda also: „Eine Nonne, mit dem und dem Namen, o Herr ist von einer Krankheit befallen, ist leidend und schwer krank. Sie verneigt sich ehrfurchtsvoll zu Füßen des ehrwürdigen Ananda und lässt sagen. „Gut wäre es, o Herr, wollte sich der ehrwürdige Ananda vom Mitleid bewogen zum Nonnenkloster begeben, wo jene Nonne weilt." Durch Schweigen gab der ehrwürdige Ananda seine Zustimmung.

Es rüstete sich nun der ehrwürdige Ananda, nahm Gewand und Almosenschale und begab sich zum Nonnenkloster, wo jene Nonne weilte. Jene Nonne aber sah den ehrwürdigen

Ananda schon von weitem herankommen. Bei seinem Anblick legte sie sich auf ihr Lager und hüllte sich bis über den Kopf ein. Der ehrwürdige Ananda nun begab sich dorthin, wo die Nonne weilte.

Dort angelangt, setzte er sich auf dem angebotenen Sitze nieder und sprach zu jener Nonne also: „Durch Nahrung o Schwester, ist dieser Körper geworden; auf Nahrung gestützt, ist die Nahrung zu überwinden. Durch Begehren, o Schwester, ist dieser Körper geworden; auf Begehren gestützt, ist das Begehren zu überwinden. Durch Eigendünkel, o Schwester, ist dieser Körper geworden; auf Eigendünkel gestützt, ist der Eigendünkel zu überwinden. Durch Begattung, o Schwester, ist dieser Körper geworden; und Begattung hat der Erhabene als Zerstörung der Grenze bezeichnet.

Es wurde gesagt: Durch Nahrung *(Anm.: 4 Arten: stoffliche Nahrung, Bewusstseinseindruck, karmischer Wille und Bewusstsein),* o Schwester, ist dieser Körper geworden; auf Nahrung gestützt, ist die Nahrung zu überwinden. – Mit Bezug worauf aber wurde dies gesagt? Da nimmt, o Schwester, die Nonne weise besonnen die Almostenspeise zu sich, nicht etwa zum Vergnügen oder aus Betörung, nicht um üppig oder schön zu werden; sondern eben nur zur Erhaltung und Fristung dieses Körpers, um Schaden zu verhüten und den heiligen Wandel zu ermöglichen; im Gedanken: Auf diese Weise werde ich das alte Gefühl stillen und keine neuen Beschwerden aufkommen lassen, und langes Leben, Unbescholtenheit und Wohlbefinden wird mir beschieden sein. Nach einiger Zeit überwindet sie nun, auf Nahrung gestützt, die Nahrung. Wurde also gesagt: Durch Nahrung, o Schwester, ist dieser Körper geworden; auf Nahrung gestützt, ist die Nahrung zu überwinden, – so wurde dies eben darum gesagt.

Es wurde gesagt: Durch Begehren, o Schwester, ist dieser Körper geworden; auf Begehren gestützt, ist das Begehren zu überwinden. – Mit Bezug worauf aber wurde dies gesagt? Da vernimmt, o Schwester, eine Nonne die Kunde:

Eine Nonne mit dem und dem Namen hat durch Versiegung der Triebe noch zu Lebzeiten die von Trieben freie Gemütserlösung und Weisheitserlösung erreicht, sie selber erkennend und verwirklichend. – Da wird ihr also zumute: Ach, wann werde auch ich durch Versiegung der Triebe noch bei Lebzeiten die von Trieben freie Gemütserlösung und Weisheitserlösung erreichen, sie selber erkennend und verwirklichend? – Nach einiger Zeit, nun überwindet sie, auf Begehren gestützt, das Begehren. Wurde also gesagt: Durch Begehren, o Schwester, ist dieser Körper geworden; auf Begehren gestützt, ist das Begehren zu überwinden, – so wurde dies eben darum gesagt.

Es wurde gesagt: Durch Eigendünkel, o Schwester, ist dieser Körper geworden; auf Eigendünkel gestützt, ist dieser Eigendünkel zu überwinden. – Mit Bezug worauf aber wurde dies gesagt? Da vernimmt, o Schwester, eine Nonne die Kunde: Eine Nonne mit dem und dem Namen hat durch Versiegung der Triebe freie Gemütserlösung und Weisheitserlösung erreicht, sie selber erkennend und verwirklichend. Da wird ihr also zumute: ‚Ja, wenn jene Ehrwürdige durch Versiegung der Triebe noch bei Lebzeiten die von Trieben freie Gemütserlösung und Weisheitserlösung erreicht hat, warum sollte auch ich dies nicht können?' – Nach einiger Zeit nun, überwindet sie, auf Eigendünkel gestützt, den Eigendünkel. Wurde also gesagt: Durch Eigendünkel, o Schwester, ist dieser Körper geworden; auf Eigendünkel gestützt ist der Eigendünkel zu überwinden, – so wurde dies eben darum gesagt.

Durch Begattung, o Schwester ist dieser Körper geworden, und die Begattung hat der Erhabene als Zerstörung der Grenze bezeichnet *(Anm.: Verlust der Zugehörigkeit zum Orden)*.

Da nun erhob sich jene Nonne von Ihrem Lager, schlug das Gewand über eine Schulter, und gesenkten Hauptes fiel sie dem ehrwürdigen Ananda zu Füßen und sprach: „Eine Schuld, o Herr, hat mich überkommen, aus Torheit, Verblendung und Schlechtigkeit, dass ich so gehandelt habe. Wolle doch, o Herr, der ehrwürdige Ananda das Geständnis meiner Schuld als solches annehmen, auf dass ich mich künftig beherrsche!" –

„Ja wahrlich, o Schwester, eine Schuld hat dich überkommen, aus Torheit, Verblendung und Schlechtigkeit, dass du so gehandelt hast! Insofern du aber, Schwester, deine Schuld als Schuld anerkennst und der Vorschrift gemäß Sühne tust, so wollen wir das von dir annehmen. Denn es gilt, o Schwester, als ein Fortschritt in der Zucht des Heiligen, wenn man seine Schuld als Schuld bekennt, der Vorschrift gemäß Sühne tut und künftig sich beherrscht.

Angereihte Sammlung Buch 4 S.123

Die Heimstätte

So habe ich vernommen.

Einstmals weilte der ehrwürdige Kassiapa in Savatthi, im Jetahaine, im Parke des Anathapindika.

Da nun kleidete sich der ehrwürdige Ananda zur Vormittagszeit an, nahm Almosenschale und Mantel und begab sich dorthin, wo der ehrwürdige Maha-Kassiapa sich befand. Nachdem er sich dorthin begeben hatte, sprach er zu dem ehrwürdigen Maha-Kassiapa also: Wollen wir uns aufmachen, Herr Kassiapa, und uns dorthin begeben, wo sich eine Heimstätte für Nonnen befindet."

Da nun bekleidete sich der ehrwürdige Maha-Kassiapa, nahm Almosenschale und Mantel und begab sich mit dem ehrwürdigen Ananda als begleitender Mönch dorthin, wo sich eine Heimstätte für Nonnen befand. Dort angekommen, setzte er sich auf dem zubereiteten Sitze nieder.

Da nun begaben sich zahlreiche Nonnen dorthin, wo der ehrwürdige Maha-Kassiapa sich befand, begrüßten ihn ehrfurchtsvoll und setzten sich zur Seite nieder. Die zur Seite sitzenden Nonnen erbaute, belehrte, ermunterte und erfreute der ehrwürdige Maha-Kassiapa durch seine Lehrpredigt, stand danach von seinem Sitze auf und wollte fortgehen.

Da nun äußerte die Nonne Thullatissa unzufriedenen Herzens das unzufriedene Wort: „Glaubt denn der Herr Maha-Kassiapa in Gegenwart des Herrn Ananda, des Weisen unter den Videhas, die Lehre verkünden zu müssen? Das ist gerade so, wie wenn ein Nadelhändler in Gegenwart des Nadelherstellers Nadeln verkaufen zu müssen glaubte. Ganz ebenso glaubt der Herr Maha-Kassiapa in Gegenwart des Herrn Ananda, der Weisen unter den Videhas, die Lehre verkünden zu müssen."

Es hörte aber der ehrwürdige Maha-Kassiapa dieses Wort, das die Nonne Thullatissa sprach. Da nun sprach er zu dem ehrwürdigen Ananda: „Wie ist das nun, verehrter Ananda, bin ich der Nadelhändler und du der Nadelmacher, oder bin ich der Nadelmacher und du der Nadelhändler?"
„Verzeiht, Herr Kassiapa, töricht sind die Frauenzimmer."
„Halte an dich, verehrter Ananda, dass nicht die Gemeinde dich einer weiteren Prüfung unterzieht." *(Anm.: verdächtig werden, unerlaubte Beziehungen zu den Nonnen zu unterhalten).*

Es schied aber die Nonne Thullatissa aus dem heiligen Wandel aus.
Gruppierte Sammlung Buch 2 S.276

Alavika

So habe ich vernommen.
Einstmals weilte der Erhabene in Savatthi, in Jetahaine, im Parke des Anathapindika.
Da nun kleidete sich die Nonne Alavika zur Vormittagszeit an, nahm Almosenschale und Obergewand und ging Almosen zu sammeln, nach Savatthi. Nachdem sie ihren Almosengang beendet hatte, begab sie sich nach der Mahlzeit dorthin, wo sich der Andhawald befand, nach Zurückgezogenheit verlangend.
Da nun begab sich Mara, der Böse, in dem Wunsche, bei der Nonne Alavika Angst, Zittern, Hautschaudern hervorzubringen, dorthin, wo sich die Nonne Alavika befand und er redete die Nonne Alavika mit der Strophe an:

„Es gibt kein Entkommen in der Welt,
Was willst du erreichen mit der Absonderung?
Genieße die Wonnen der sinnlichen Genüsse,
Damit du's nicht später bereust."

Da nun kam der Nonne Alavika dieser Gedanke:
„Was für ein Mensch oder Nichtmensch spricht denn da die
Strophe?"
Da nun kam der Nonne Alavika dieser Gedanke: ‚Mara, der
Böse ist es, der in dem Wunsche, bei mit Angst, Zittern,
Hautschaudern hervorzurufen und mich von der Abson-
derung abzubringen, die Strophe spricht'.
Da nun wusste die Nonne Alavika, dass das Mara, der Böse
sei, und sie erwiderte ihm mit der Strophe:

„Es gibt ein Entkommen in der Welt;
Mit meiner Erkenntnis habe ich es wohl erfasst.
Du, du Lässiger, du Böser,
Du kennst diesen Weg freilich nicht.
Spitzpfählen vergleichbar sind die sinnlichen Genüsse;
Die Wesensbestandteile sind die Schlägel dafür.
Was du Wonne der sinnlichen Genüsse nennst,
Nichtwonne ist das jetzt für mich geworden."

Da merkte Mara, der Böse: ‚Es kennt mich die Nonne
Alavika' und verschwand auf der Stelle leidvoll und betrübt.
Gruppierte Sammlung Buch 1 S.198

Soma
Savatthi ist der Schauplatz.
Da nun kleidete sich die Nonne Soma zur Vormittagszeit an,
nahm Almosenschale und Obergewand und ging Almosen
zu sammeln, nach Savatthi. Nach der Mahlzeit, begab sie
sich dahin, wo sich der Andhawald befand, den Tag dort
zu verbringen.
Da nun begab sich Mara, der Böse, in dem Wunsche, bei
der Nonne Soma Angst, Zittern, Hautschaudern hervorzubringen und sie von der geistigen Sammlung abzubringen,

dorthin, wo sich die Nonne Soma befand, und er redete sie mit der Strophe an:

„Die da von den Weisen erreicht werden kann,
Die schwer zu erlangende Stätte,
Sie kann nimmer von einem Weib
Mit seinem dürftigen Verstand erreicht werden."

Da nun kam der Nonne Soma dieser Gedanke: ‚Was für ein Mensch oder Nichtmensch spricht denn da die Strophe? – Mara der Böse ist es, der in dem Wunsche, bei mir Angst, Zittern, Hautschaudern hervorzubringen, um mich von der geistigen Sammlung abzubringen, diese Strophe spricht.' Da nun wusste die Nonne Soma, dass es Mara, der Böse, sei, und sie redete ihn mit der Strophe an:

„Was soll schon das Weibsein bedeuten,
Wenn das Denken gut gesammelt ist,
Wenn das Wissen vorhanden ist bei einer,
die die höchste Wahrheit schaut?
Wer daran denkt: bin ich eine Frau oder bin ich ein Mann,
Oder bin ich überhaupt etwas? –
Zu dem darf Mara Sprechen."

Da merkte Mara, der Böse: ‚Es kennt mich die Nonne Soma', und er verschwand auf der Stelle, leidvoll und betrübt.
Gruppierte Sammlung Buch 1 S.200

Gotami
Savatthi ist der Schauplatz.
Da nun kleidete sich die Nonne Kisa Gotami zur Vormittagszeit an, nahm Almosenschale und Obergewand und ging Almosen zu sammeln, nach Savatthi. Nachdem sie ihren Almosengang beendet hatte, begab sie sich nach der Mahlzeit dorthin, wo sich der Andhawald befand, den Tag dort zu verbringen. Nachdem sie tief in den Andhawald hinein gegangen war, setzte sie sich am Fuße eines Baumes nieder.

Da nun begab sich Mara, der Böse, in dem Wunsche, bei der Nonne Kisa Gotami Angst, Zittern Hautschaudern hervorzubringen und sie von der geistigen Sammlung abzubringen, dorthin, wo sich die Nonne Kisa Gotami befand, und er redete sie mit der Strophe an:

„Bist du nun, nachdem dein Sohn dir gestorben,
Allein, tränenden Angesichts?
Allein tief in den Wald gegangen
Suchst du da etwa nach einem Manne?"

Da nun kam der Nonne Kisa Gotami dieser Gedanke: ‚Was für ein Mensch oder Nichtmensch spricht denn da die Strophe? – Mara der Böse ist es, der in dem Wunsche, bei mir Angst, Zittern, Hautschaudern hervorzubringen, um mich von der geistigen Sammlung abzubringen, diese Strophe spricht.'
Da nun wusste die Nonne Kisa Gotami, dass es Mara, der Böse, sei, und sie erwiderte ihm mit der Strophe:

„Losgelöst bin ich eine Mutter
Welcher ihr Sohn gestorben;
Und auch mit den Männern ist es vorbei.
Ich leide nicht Kummer und klage nicht,
Ich fürchte dich nicht, mein Lieber!
Überall ist das Lustgefühl vernichtet,
Die Masse der Finsternis durchbrochen.
Nachdem ich das Heer des Todes überwunden,
Bleibe ich frei von weltlichen Einflüssen."

Da merkte Mara, der Böse: ‚Es kennt mich die Nonne Kisa Gotami' und verschwand auf der Stelle, leidvoll und betrübt.
Gruppierte Sammlung Buch 1 S.201

Vijaya
Savatthi ist der Schauplatz.
Da nun kleidete sich die Nonne Vijaya zur Vormittagszeit an, nahm Almosenschale und Obergewand und ging Almosen

zu sammeln, nach Savatthi. Nachdem sie ihren Almosengang beendet hatte, begab sie sich nach der Mahlzeit dorthin, wo sich der Andhawald befand, den Tag dort zu verbringen. Nachdem sie tief in den Andhawald hinein gegangen war, setzte sie sich am Fuße eines Baumes nieder. Da nun begab sich Mara, der Böse, in dem Wunsche, bei der Nonne Vijaya Angst, Zittern, Hautschaudern hervorzubringen und sie von der geistigen Sammlung abzubringen, dorthin, wo sich die Nonne Vijaya befand, und er redete sie mit der Strophe an:

„Du bist jung und schön,
Und auch ich bin jung und frisch.
Komm, Liebste, wollen wir uns
An dem fünffältigen Klang der Musik ergötzen!"

Da nun kam der Nonne Vijaya dieser Gedanke: ‚Was für ein Mensch oder Nichtmensch spricht denn da die Strophe? – Mara der Böse ist es, der in dem Wunsche, bei mir Angst, Zittern, Hautschaudern hervorzubringen, um mich von der geistigen Sammlung abzubringen, diese Strophe spricht.' Da nun wusste die Nonne Vijaya, dass es Mara, der Böse, sei, und sie erwiderte ihm mit der Strophe:

„Anmutige Formen, Töne, Geschmäcke, Gerüche und Gefühle:
Ich überlasse sie dir, Mara: denn ich habe danach kein Verlangen.
Dieses gebrechlichen, hinfälligen Verwesungsleibes
Bin ich müde und schäme mich seiner.
Ausgetilgt ist der Durst nach sinnlichen Genüssen.
Was da Lebewesen sind, die in die Formenwelt eingetreten,
Oder solche, die in der formlosen Welt verweilen,
Und was da die guten Zustände meditativer Vollkommenheit sind –
Überall ist die Dunkelheit beseitigt."

Da merkte Mara, der Böse: ‚Es kennt mich die Nonne Vijaya' und verschwand auf der Stelle, leidvoll und betrübt.
Gruppierte Sammlung Buch 1 S.203

Uppalavanna

Savatthi ist der Schauplatz.

Da nun kleidete sich die Nonne Uppalavanna zur Vormittagszeit an, nahm Almosenschale und Obergewand und
ging Almosen zu sammeln, nach Savatthi. Nachdem sie
ihren Almosengang beendet hatte, begab sie sich nach der
Mahlzeit dorthin, wo sich der Andhawald befand, den Tag
dort zu verbringen. Nachdem sie tief in den Andhawald
hinein gegangen war, nahm sie am Fuße eines in voller Blüte
stehenden Salbaumes Platz.

Da nun begab sich Mara, der Böse, in dem Wunsche, bei
der Nonne Uppalavanna Angst, Zittern, Hautschaudern
hervorzubringen und sie von der geistigen Sammlung
abzubringen, dorthin, wo sich die Nonne Uppalavanna
befand, und er redete sie mit der Strophe an:

„Du hast dich, o Nonne, zu dem Salbaum mit voll erblühtem
Wipfel begeben
Und weilst nun einsam an seinem Fuß.
Es gibt keine zweite wie dich an Schönheit,
Fürchtest du, Törin, dich nicht vor Bösewichten?"

Da nun kam der Nonne Uppalavanna dieser Gedanke:
,Was für ein Mensch oder Nichtmensch spricht denn da die
Strophe? – Mara der Böse ist es, der in dem Wunsche, bei
mir Angst, Zittern Hautschaudern hervorzubringen, um mich
von der geistigen Sammlung abzubringen, diese Strophe
spricht.'
Da nun wusste die Nonne Uppalavanna, dass es Mara,
der Böse, sei, und sie erwiderte ihm mit der Strophe:

„Mögen hunderte und tausende von Bösewichten
Deinesgleichen hierher gekommen sein:
Nicht lasse ich ein Haar sich sträuben, noch bin ich in
Angst;
Ich fürchte mich nicht vor dir, Mara, auch wenn ich allein bin.
Da verschwinde ich, oder ich gehe in deinen Leib ein;
Und wenn ich selbst im Raume zwischen deinen Brauen
stehe,

Wirst du mich nicht sehen.
Ich bin beherrscht im Denken,
Die Wege der Wunderkraft sind geebnet.
Von allen Banden bin ich erlöst:
Ich fürchte dich nicht, mein Lieber!"

Da merkte Mara, der Böse: ‚Es kennt mich die Nonne
Uppalavanna' und verschwand auf der Stelle, leidvoll und
betrübt.
Gruppierte Sammlung Buch 1 S.204

Vajira

Savatthi ist der Schauplatz.
Da nun kleidete sich die Nonne Vajira zur Vormittagszeit an,
nahm Almosenschale und Obergewand und ging Almosen
zu sammeln, nach Savatthi. Nachdem sie ihren Almosengang beendet hatte, begab sie sich nach der Mahlzeit dorthin, wo sich der Andhawald befand, den Tag dort zu
verbringen. Nachdem sie tief in den Andhawald hinein gegangen war, setzte sie sich am Fuße eines Baumes nieder.
Da nun begab sich Mara, der Böse, in dem Wunsche, bei
der Nonne Vajira Angst, Zittern, Hautschaudern hervorzubringen und sie von der geistigen Sammlung abzubringen,
dorthin, wo sich die Nonne Vajira befand, und er redete sie
mit der Strophe an:

„Von wem ist denn dieses Lebewesen gemacht,
Wo ist der Verfertiger des Lebewesens?
Wie ist das Lebewesen entstanden,
Wie wird das Lebewesen aufgehoben?"

Da nun kam der Nonne Vajira dieser Gedanke: ‚Was für ein
Mensch oder Nichtmensch spricht denn da die Strophe? –
Mara der Böse ist es, der in dem Wunsche, bei mir Angst,
Zittern Hautschaudern hervorzubringen, um mich von der
geistigen Sammlung abzubringen, diese Strophe spricht.'
Da nun wusste die Nonne Vajira, dass es Mara, der Böse,
sei, und sie erwiderte ihm mit der Strophe:

„Warum hängst du so am Wort ‚Lebewesen'?
Das ist nur deine Irrlehre, Mara.
Wo da nur eine Anhäufung von bloßen Gestaltungen ist,
Da nimmt man kein Lebewesen wahr.
Denn, wie bei Ansammlung der Bestandteile das Wort
‚Wagen' entsteht,
So entsteht, wenn die Lebensbestandteile vorhanden sind,
der Ausdruck ‚Lebewesen'.
Aber nur das Leiden entsteht da,
Leiden ist vorhanden und vergeht.
Nichts außer dem Leiden entsteht;
Nichts anderes als das Leiden wird aufgehoben!"

Da merkte Mara, der Böse: ‚Es kennt mich die Nonne Vajira'
und verschwand auf der Stelle, leidvoll und betrübt.
Gruppierte Sammlung Buch 1 S.211

Die Ordensältere Khema

Einst weilte der Erhabene in Savatthi, im Siegerwalde, im
Garten Anathapindikos. Zu jener Zeit aber wanderte die
Nonne Khema im Lande Kosalo zwischen Savatthi und
Saketa und nahm in Toranavatthu Aufenthalt. Da nun fuhr
König Pasenadi von Kosalo von Saketa nach Savatthi und
nahm eine Nacht Aufenthalt in Toranavatthu. Dort wandte er
sich an einen bestimmten Mann: „Geh' lieber Mann, und
finde in Toranavatthu einen solchen Asketen oder Brahmanen, den ich heute als Lehrer aufsuchen kann."
„Gewiss, Majestät", erwiderte dieser Mann dem König
Pasenadi von Kosalo und suchte lange Zeit in Toranavatthu
herum, aber er erblickte keinen Asketen oder Brahmanen,
den König Pasenadi von Kosalo als Lehrer besuchen
könnte. Da aber sah er die Nonne Khema, die in Toranavatthu Aufenthalt genommen hatte. Nachdem er sich
gesehen hatte, begab er sich zu König Pasenadi von Kosalo
und sprach also:
„Es gibt, Majestät, in Toranavatthu keinen Asketen oder
Brahmanen, den Majestät als Lehrer aufsuchen könnte.
Es gibt dort aber eine Nonne namens Khema, eine Jüngerin

des Erhabenen, Heiligen, Vollkommen Erwachten. Dieser Ehrwürdigen geht der gute Ruhmesruf voraus: ‚Weise ist sie, entschlossen, verständig, viel erfahren, sie ist eine treffliche Rednerin und gibt gute Antworten'. Die möge Majestät als Lehrerin aufsuchen."

Da nun begab sich König Pasenadi von Kosalo dorthin, wo die Nonne Khema weilte, begrüßte sie ehrfurchtsvoll, setzte sich zur Seite nieder und sprach zu ihr:
„Wie ist es denn, Ehrwürdige, besteht der Vollendete nach dem Tode?"
„Nicht geäußert hat sich, großer König, der Erhabene darüber, ob der Vollendete nach dem Tode besteht."
„Wie ist es denn, Ehrwürdige, besteht der Vollendete nicht nach dem Tode?"
„Auch darüber, großer König, hat sich der Erhabene nicht geäußert, ob der Vollendete nach dem Tode nicht besteht."
„Wie ist es denn, Ehrwürdige, besteht der Vollendete sowohl nach dem Tode als auch besteht er nicht nach dem Tode?"
„Auch darüber hat sich der Erhabene nicht geäußert, ob der Vollendete nach dem Tod sowohl besteht als auch nicht besteht."
„Wie ist es denn, Ehrwürdige, besteht der Vollendete weder nach dem Tod, noch nicht?"
„Auch darüber, großer König, hat sich der Erhabene nicht geäußert, ob der Vollendete weder nach dem Tode besteht, noch nicht besteht."
„Wie ist es denn, Ehrwürdige, was immer ich dich fragte, stets sagtest du: ‚Darüber hat sich der Erhabene nicht geäußert.' Was ist den nun, Ehrwürdige, der Anlass, was der Grund, dass sich der Erhabene darüber nicht geäußert hat?"

„Da werde ich dir, großer König, hier einige Fragen stellen. Wie es dir belieben mag, mögest du antworten:
Was meinst du, großer König, gibt es irgendeinen Zähler, Rechner oder Schätzer, der imstande ist, den Sand des Ganges zu zählen: ‚So viele Sandkörner, so viele 100.000 Sandkörner gibt es?"
„Das nicht, Ehrwürdige,"

„Gibt es aber irgendeinen Zähler, Rechner oder Schätzer, der imstande ist, das Wasser im großen Ozean zu berechnen: ‚So viele Gallonen, so viele 100.000 Gallonen sind es?'"
„Das nicht, Ehrwürdige."
„Und warum?"
„Groß ist, o Ehrwürdige, der Ozean, tief, unermesslich, unergründlich."

„Ebenso nun auch, großer König, ist jede Form, jedes Gefühl, jede Wahrnehmung, jede Unterscheidung *(Anm.: Gestaltung)*, jedes Bewusstsein, durch welche man den Vollendeten bezeichnen wollte, vom Vollendeten überwunden, an der Wurzel abgeschnitten, einem Palmstumpf gleichgemacht worden, sodass sie nicht mehr keimen, nicht mehr sich entwickeln können. Von der Bezeichnung durch Form, Gefühl, Wahrnehmung, Unterscheidung, Bewusstsein erlöst ist der Vollendete tief, unermesslich, unergründlich, gleichwie der große Ozean: Auferstehen, das trifft nicht zu; Nichtauferstehen, das trifft nicht zu; Auferstehen und Nichtauferstehen, das trifft nicht zu; Auferstehen so wenig wie Nichtauferstehen, das trifft nicht zu."

Da war nun König Pasenadi von Kosalo über die Worte der Nonne Khema erfreut und befriedigt, erhob sich, grüßte die Nonne Khema ehrfurchtsvoll, wandte sich rechts herum und ging fort.

Nach einiger Zeit begab er sich zum Erhabenen, begrüßte ihn ehrfurchtsvoll, setzte sich zur Seite nieder und berichtete dem Erhabenen das Gespräch, das er mit der Nonne Khema geführt hatte. Und er fragte den Erhabenen dieselben Fragen, die er auch die Nonne Khema gefragt hatte, und der Erhabene gab dieselben Antworten. Und der König schloss mit den Worten:
„Vortrefflich, o Herr! Vortrefflich, o Herr, wie da Meister und Jüngerin sinn- und wortgetreu übereinstimmen und sich nicht widersprechen hinsichtlich der höchsten Stätte. Wohlan denn, o Herr, wir müssen gehen: gar manche Pflicht wartet unser, manche Obliegenheit."

„Wie es dir denn, großer König, belieben mag."
Da war nun König Pasenadi von Kosalo über die Worte des
Erhabenen erfreut und befriedigt, erhob sich, grüßte den
Erhabenen ehrfurchtsvoll, wandte sich rechts herum und
ging fort.
Gruppierte Sammlung Buch 4 S.203

Die zehn Probleme

Einst weilte der Erhabene im Bambushaine bei Kajangala.
Und zahlreiche Laienjünger aus Kajangala begaben sich zur
Kajangaler Nonne, begrüßten sie ehrerbietig und setzten
sich zur Seite nieder. Seitwärts sitzend sprachen die Laienjünger zur Kajangaler Nonne also:
„Dies, o Erwürdige, hat der Erhabene über die Großen
Fragen gesagt: ‚Ein einfaches Problem gibt es mit einer
einfachen Aussage und einer einfachen Erklärung. Ein zwei-
faches Problem – ein dreifaches – vierfaches – fünffaches –
sechsfaches – siebenfaches – achtfaches – neunfaches –
zehnfaches Problem mit einer zehnfachen Aussage und
einer zehnfachen Erklärung.' Wie aber, o Ehrwürdige, hat
man den Sinn dieser kurzen Worte des Erhabenen ausführlich zu verstehen?"

„Nichts habe ich, ihr Brüder, darüber vom Erhabenen gehört
und nichts darüber aus seinem Munde vernommen. Auch
von geistig entwickelten Mönchen habe ich darüber nichts
gehört und nichts aus ihrem Munde vernommen. Vielleicht
aber fällt mir hierzu das Richtige ein. So höret denn, und
achtet wohl auf meine Worte!"
„Ja, o Ehrwürdige!" erwiderten die Laienjünger aus Kajangala der Kajangaler Nonne.
Und die Kajangaler Nonne sprach: „Der Erhabene hat also
gesagt, dass es ein einfaches Problem gibt mit einer einfachen Aussage und einer einfachen Erklärung. Mit Bezug
worauf aber hat dies der Erhabene gesagt?
Ein Mönch, ihr Brüder, der sich von diesem einen Ding völlig
abwendet, sich völlig von ihm entsüchtet, sich völlig befreit,
das völlige Ende wahrnimmt, ein solcher macht, das Ziel

völlig durchschauend, noch bei Lebzeiten dem Leiden ein Ende. Welches ist aber dieses eine Ding? Dass alle Wesen durch Nahrung bestehen *(s.S. 68)*.

– Welches sind die zwei Dinge? Das Geistige und das Körperliche *(s.S. 61+62)*.

– Welches sind die drei Dinge? Die drei Arten der Gefühle *(s.S. 89-91)*. Der Mönch, der sich von diesen drei Dingen völlig abwendet, sich völlig von ihnen entsüchtet, sich völlig befreit, das völlige Ende wahrnimmt, ein solcher macht, das Ziel völlig durchschauend, noch bei Lebzeiten dem Leiden ein Ende.

– Welches sind die vier Dinge? Die vier Grundlagen der Achtsamkeit *(s.S. 66)*. Der Mönch, der sich von diesen vier Dingen völlig abwendet, sich völlig von ihnen entsüchtet, sich völlig befreit, das völlige Ende wahrnimmt, ein solcher macht, das Ziel völlig durchschauend, noch bei Lebzeiten dem Leiden ein Ende.

– Welches sind die fünf Dinge? Die fünf geistigen Fähigkeiten.

– Welches sind die sechs Dinge? Die sechs Elemente des Entrinnens *(s.S. 61-64)*.

– Welches sind die sieben Dinge? Die sieben Glieder der Erleuchtung *(s.S. 65)*.

– Welches sind die acht Dinge? Der Edle Achtfache Pfad *(s.S. 86)*. Der Mönch, der sich von diesen acht Dingen völlig abwendet, sich völlig von ihnen entsüchtet, sich völlig befreit, das völlige Ende wahrnimmt, ein solcher macht, das Ziel völlig durchschauend, noch bei Lebzeiten dem Leiden ein Ende.

– Welches sind die neun Dinge? Die neun Daseinsformen der Wesen. Der Mönch, der sich von diesen neun Dingen völlig abwendet, sich völlig von ihnen entsüchtet, sich völlig befreit, das völlige Ende wahrnimmt, ein solcher macht, das Ziel völlig durchschauend, noch bei Lebzeiten dem Leiden ein Ende.

– Welches sind die zehn Dinge? Die zehn heilsamen Wirkensfährten. Der Mönch, der sich von diesen zehn Dingen völlig abwendet, sich völlig von ihnen entsüchtet, sich völlig befreit, das völlige Ende wahrnimmt, ein solcher macht, das Ziel völlig durchschauend, noch bei Lebzeiten dem Leiden ein Ende.

Hat also der Erhabene gesagt, dass es ein zehnfaches Problem gibt, mit einer zehnfachen Aussage und einer zehnfachen Erklärung, so wurde dies mit Bezug hierauf gesagt. So, ihr Brüder, verstehe ich ausführlich den Sinn dessen, was der Erhabene in kurzen Worten hinsichtlich der Großen Fragen gesagt hat. Wenn ihr wollt, Brüder, so möget ihr zum Erhabenen gehen und ihn darüber befragen Wie es euch der Erhabene erklären wird, so möget ihr es euch merken.

„Gut, Ehrwürdige" erwiderten die Laienjünger aus Kajangala der Kajangaler Nonne. Den Worten der Nonne Beifall spendend und ihr dankend, erhoben sie sich von ihren Sitzen. Darauf begrüßten sie die Nonne ehrerbietig, und, ihr beim Fortgehen die rechte Seite zukehrend, begaben sie sich zum Erhabenen. Dort angelangt begrüßten sie den Erhabenen ehrerbietig und teilten ihm alles mit, was sie von der Kajangaler Nonne vernommen hatten.
Und der Erhabene sprach. „Recht so, recht so, ihr Hausleute! Weise, ihr Hausleute ist die Nonne aus Kajangala. Ein hohes Wissen, ihr Hausleute, besitzt die Nonne aus Kajangala. Auch wenn ihr zu mir gekommen wäret und hättet mich darüber befragt, so hätte ich es genau so erklärt.
Denn dieses ist eben der Sinn davon, und so möget ihr es euch merken."
Angereihte Sammlung Buch 10 S.28

Sukka
Einstmals weilte der Erhabene in Rajagaha im Bambushaine, im Kalandakanivipa.
Zu jener Zeit aber predigte die Nonne Sukka, von einer großen Gefolgschaft umgeben, die Lehre.
Da nun ging ein Yakkha *(Anm.: höheres übermenschliches Wesen)*, welcher der Nonne Sukka gläubig zugetan war, in Rajagaha von Straße zu Straße, von Kreuzweg zu Kreuzweg und sprach bei dieser Gelegenheit die folgenden Strophen:

„Was haben mir da die Leute in Rajagaha gemacht,
die dasitzen, als hätten sie Rauschtrank getrunken?

Sie scharen sich nicht andächtig um Sukka,
die den Weg der Unsterblichkeit predigt.
Diese Lehre, der man nicht überdrüssig werden kann,
die an sich köstliche, süße,
trinken, denke ich, die Weisen,
wie Wegfahrer eine Wolke."
Gruppierte Sammlung Buch 1 S.334

Die Erklärungen

Das habe ich gehört. Zu einer Zeit weilte der Erhabene bei
Rajagaham, im Bambusparke, am Hügel der Eichhörnchen.
Da nun begab sich Visakho, ein Laienanhänger, zur Nonne
Dhammadinna, begrüßte sie höflich, und setzte sich seit-
wärts nieder. Seitwärts sitzend sprach nun der Anhänger
Visakho zur Nonne Dhammadinna also: „'Die Persönlichkeit,
die Persönlichkeit' heißt es, Ehrwürdige; was hat denn wohl
der Erhabene gesagt, dass die Persönlichkeit sei?"

„Die fünf Stücke des Anhangens *(Anm.: Anhaftens)* sind die
Persönlichkeit, hat der Erhabene gesagt, Bruder Visakho,
als da ist ein Stück Anhangen an der Form, ein Stück
Anhangen am Gefühl, ein Stück Anhangen an der Wahrneh-
mung, ein Stück Anhangen an der Unterscheidung, ein
Stück Anhangen am Bewusstsein. Diese fünf Stücke des
Anhangens, Bruder Visakho, sind die Persönlichkeit, hat
der Erhabene gesagt."
„Wohl, Erwürdige," erwiderte Visakho der Nonne Dhamma-
dinna erfreut und befriedigt und stellte nun eine fernere
Frage: „'Die Entstehung der Persönlichkeit, die Entstehung
der Persönlichkeit' heißt es, Ehrwürdige; was hat denn nun,
Ehrwürdige, der Erhabene über die Entstehung der Persönlichkeit gesagt?"

„Dieser Durst *(Anm.: Begierde)* da, Bruder Visakho, der Wieder-
dasein säende, gnügensgierverbundene *(Anm.: erfülltes Verlangen)*, bald da bald dort sich ergötzende, als da ist der
Geschlechtsdurst, der Daseinsdurst, der Wohlseinsdurst,
das, Bruder Visakho, hat der Erhabene gesagt, ist die Ent-

stehung der Persönlichkeit.

„'Die Auflösung der Persönlichkeit, die Auflösung der Persönlichkeit', heißt es, Ehrwürdige, was hat nun wohl der Erhabene über die Auflösung der Persönlichkeit gesagt?"

„Eben dieses Durstes vollkommene, restlose Auflösung, Abstoßung, Austreibung, Aufhebung, Vertilgung, Bruder Visakho, das ist die Auflösung der Persönlichkeit, hat der Erhabene gesagt."

„'Der zur Auflösung der Persönlichkeit führende Pfad, der zur Auflösung der Persönlichkeit führende Pfad' heißt es, Ehrwürdige; was hat da wohl der Erhabene über diesen Pfad gesagt?"

„Es ist dieser heilige achtfältige Weg, Bruder Visakho, von dem der Erhabene gesagt hat, dass er zur Auflösung der Persönlicheit führe, nämlich: rechte Erkenntnis, rechte Gesinnung, rechte Rede, rechtes Handeln, rechtes Wandeln, rechtes Mühen, rechte Einsicht, rechte Vertiefung."

„Ist nun, Ehrwürdige, Anhangen und die fünf Stücke des Anhangens ein und dasselbe, oder gibt es ein Anhangen außer den fünf Stücken des Anhangens?"

„Nicht ist, Bruder Visakho, Anhangen und die fünf Stücke des Anhangens ein und dasselbe, doch gibt es kein Anhangen außer den fünf Stücken des Anhangens: Was da bei den fünf Stücken des Anhangens Willensreiz ist, das ist dabei Anhangen."

„Wie aber kann, Ehrwürdige, der Glaube an Persönlichkeit aufkommen?"

„Da hat einer, Bruder Visakho, nichts erfahren, ist ein gewöhnlicher Mensch, ohne Sinn für das Heilige, der heiligen Lehre unkundig, der heiligen Lehre unzugänglich, ohne Sinn für das Edle, der Lehre des Edlen unkundig, der Lehre des Edlen unzugänglich, und er betrachtet die Form als sich selbst, oder sich selbst als formähnlich, oder in sich selbst die Form, oder in der Form sich selbst; er betrachtet das Gefühl, die Wahrnehmung, die Unterscheidungen, das Bewusstsein als sich selbst, oder sich selbst als diesen

ähnlich, oder in sich selbst diese, oder in diesen sich selbst.
So kann der Glaube an Persönlichkeit aufkommen."
„Und wie, Ehrwürdige, kann der Glaube an Persönlichkeit
nicht aufkommen?"

„Da hat einer, Bruder Visakho, als erfahrener heiliger Jünger
das Heilige gemerkt, ist der heiligen Lehre kundig, der heiligen Lehre wohlzugänglich, hat das Edle gemerkt, ist der
Lehre des Edlen kundig, der Lehre des Edlen wohlzugänglich, und er betrachtet die Form nicht als sich selbst, noch
sich selbst als formähnlich, noch in sich selbst die Form,
noch in der Form sich selbst; er betrachtet das Gefühl, die
Wahrnehmung, die Unterscheidungen, das Bewusstsein
nicht als sich selbst, noch sich selbst als diesen ähnlich,
noch in sich selbst diese, noch in diesen sich selbst. So
kann, Bruder Visakho, der Glaube an Persönlichkeit nicht
aufkommen."
„Welcher Art ist nun, Ehrwürdige, der heilige achtfältige
Weg?"

„Solcher Art, Bruder Visakho ist der heilige achtfältige Weg,
nämlich: Rechte Erkenntnis, rechte Gesinnung, rechte Rede,
rechtes Handeln, rechtes Wandeln, rechtes Mühen, rechte
Einsicht, rechte Vertiefung."
„Ist nun der heilige achtfältige Weg, Ehrwürdige, ein
Zusammengefügtes oder ein Einiges?"

„Der heilige achtfältige Weg, Bruder Visakho, ist ein
Zusammengefügtes."
„Hat sich nun etwa, Ehrwürdige, der heilige achtfältige Weg
aus drei Teilen zusammengestellt, oder ist er aus drei Teilen
zusammengestellt worden?"

„Der heilige achtfältige Pfad, Bruder Visakho, hat sich nicht
aus drei Teilen zusammengestellt, sondern ist aus drei Teilen
zusammengestellt worden. Rechte Rede, rechtes Handeln
und rechtes Wandeln bilden den Teil der Tugend; rechtes
Mühen, rechte Einsicht, rechte Vertiefung bilden den Teil der
Vertiefung; rechte Erkenntnis und rechte Gesinnung bilden
den Teil der Weisheit."

„Und wie erklärt man, Ehrwürdige, die Vertiefung, die Vorstellungen in der Vertiefung, das Rüstzeug bei der Vertiefung und die Pflege der Vertiefung?"

„Die Einheit des Gemütes, Bruder Visakho, das ist die Vertiefung; die vier Pfeiler der Einsicht sind die Vorstellungen in der Vertiefung; die vier gewaltigen Kämpfe sind das Rüstzeug bei der Vertiefung, und die Übung, Pflege und Ausbildung in ebendiesen Dingen, das ist die Pflege der Vertiefung."

„Wie viele Unterscheidungen gibt es, Ehrwürdige?"

„Drei Unterscheidungen gibt es, Bruder Visakho: körperliche Unterscheidung, sprachliche Unterscheidung und geistige Unterscheidung."

„Und was ist, Ehrwürdige, körperliche Unterscheidung, sprachliche Unterscheidung und geistige Unterscheidung?"

„Einatmung und Ausatmung, Bruder Visakho, ist körperliche Unterscheidung; Erwägung und Überlegung ist sprachliche Unterscheidung, und Wahrnehmung und Gefühl ist geistige Unterscheidung."

„Und warum, Ehrwürdige, ist Einatmung und Ausatmung körperliche Unterscheidung, Erwägung und Überlegung sprachliche Unterscheidung und Wahrnehmung und Gefühl geistige Unterscheidung?"

„Einatmung und Ausatmung, Bruder Visakho, sind körperliche Eigenschaften, sind an den Körper gebunden: darum ist Einatmung und Ausatmung die körperliche Unterscheidung. Was man vorher in Erwägung und Überlegung gezogen hat, spricht man nachher aus: darum ist Erwägen und Überlegen die sprachliche Unterscheidung. Wahrnehmung und Gefühl sind geistige Eigenschaften, sind an den Geist gebunden: darum ist Wahrnehmung und Gefühl die geistige Unterscheidung."

„Und wie kann man, Ehrwürdige, die Auflösung der Wahrnehmbarkeit erlangen?"

„Das ist nicht so, Bruder Visakho, dass dem die Auflösung

der Wahrnehmbarkeit zuteil wird, sagen könnte: ‚Ich werde die Auflösung der Wahrnehmbarkeit erlangen‘, oder ‚Ich erlange die Auflösung der Wahrnehmbarkeit‘, oder ‚Ich habe die Auflösung der Wahrnehmbarkeit erlangt‘; sondern er hat sein Gemüt vorher soweit ausgebildet, dass es dafür empfänglich wird.“

„Und wenn einem Mönche, Ehrwürdige, die Auflösung der Wahrnehmbarkeit zuteil wird, was löst sich da zuerst auf: die körperliche, die sprachliche oder die geistige Unterscheidung?“

„Wenn einem Menschen, Bruder Visakho, die Auflösung der Wahrnehmbarkeit zuteil wird, löst sich zuerst die sprachliche, dann die körperliche und dann die geistige Unterscheidung auf.“

„Und wie kann man, Ehrwürdige, die Auflösung der Wahrnehmbarkeit aufheben?“

„Das ist nicht so, Bruder Visakho, als ob ein Mönch, der die Auflösung der Wahrnehmbarkeit aufhebt, sagen könnte: ‚Ich werde die Auflösung der Wahrnehmbarkeit auflösen‘, oder: ‚Ich hebe die Auflösung der Wahrnehmbarkeit auf‘, oder: ‚Ich habe die Auflösung der Wahrnehmbarkeit aufgehoben‘; sondern er hat sein Gemüt vorher soweit ausgebildet, dass es dafür empfänglich wird.“

„Und wenn ein Mönch die Auflösung der Wahrnehmbarkeit aufhebt, Ehrwürdige, was erscheint da zuerst wieder, die körperliche, die sprachliche oder die geistige Unterscheidung?“

„Wenn ein Mönch, Bruder Visakho, die Auflösung der Wahrnehmbarkeit aufhebt, erscheint zuerst die geistige, dann die körperliche und dann die sprachliche Unterscheidung wieder.“

„Und was für Empfindungen, Ehrwürdige, kommen den Mönch an, wenn er die Auflösung der Wahrnehmbarkeit aufgehoben hat?“

„Drei Empfindungen, Bruder Visakho, kommen den Mönch an, der die Auflösung der Wahrnehmung aufgehoben hat:

die Empfindung der Leerheit, die Empfindung der Vorstellungslosigkeit, die Empfindung der Reglosigkeit."
„Und wohin neigt sich, wohin beugt sich, wohin senkt sich, Ehrwürdige, das Gemüt eines Mönchs, der die Auflösung der Wahrnehmung aufgehoben hat?"

„Das Gemüt eines Mönchs, der die Auflösung der Wahrnehmung aufgehoben hat, Bruder Visakho, neigt sich zur Einsamkeit, beugt sich zur Einsamkeit, senkt sich zur Einsamkeit."
„Was für Gefühle gibt es, Ehrwürdige?"

„Es gibt drei Arten von Gefühlen, Bruder Visakho: das freudige Gefühl, das leidige Gefühl und das weder freudige noch leidige Gefühl."
„Und wie erklärt man, Ehrwürdige, das freudige, das leidige und das weder freudige noch leidige Gefühl?"

„Körperliche oder geistige Freude, Bruder Visakho, die sich angenehm fühlbar macht, ist das freudige Gefühl; körperliches oder geistiges Leid, das sich unangenehm fühlbar macht, ist das leidige Gefühl; und körperliche oder geistige Empfindung, die sich weder angenehm noch unangenehm fühlbar macht, ist das weder freudig noch leidige Gefühl."
„Und was ist beim freudigen Gefühl, Ehrwürdige, Freude und was ist Leid, was ist beim leidigen Gefühl Leid und was ist Freude, und was ist beim weder freudig noch leidigem Gefühl Freude und was ist Leid?"

„Beim freudigen Gefühl, Bruder Visakho, ist die Dauer Freude und der Wechsel Leid; beim leidigen Gefühl ist die Dauer Leid und der Wechsel Freude, und beim weder freudig noch leidigem Gefühl ist das Verstehen Freude und das Nichtverstehen Leid."
„Und was für ein Trieb, Ehrwürdige, haftet dem freudigen Gefühle an, was dem leidigen und was dem weder freudig noch leidigem?"

„Dem freudigen Gefühle, Bruder Visakho, haftet der Trieb der Gier an; dem leidigen Gefühle haftet des Trieb des

Hassens an; dem weder freudig noch leidigem Gefühl haftet der Trieb des Nichtwissens an."

„Und haftet der Trieb der Gier, Ehrwürdige, jedem freudigen Gefühle an, haftet der Trieb des Hassens jedem leidigen Gefühle an, und haftet der Trieb des Nichtwissens jedem weder freudig noch leidigen Gefühl an?"

„Nicht jedem freudigen Gefühle, Bruder Visakho, haftet der Trieb der Gier an; nicht jedem leidigen Gefühl haftet der Trieb des Hassens an, und nicht jedem weder freudig noch leidigem Gefühl haftet der Trieb des Nichtwissens an."

„Was ist nun, Ehrwürdige, beim freudigen Gefühle verwerflich, was ist beim leidigen Gefühle verwerflich, und was ist beim weder freudigen noch leidigen Gefühl verwerflich?"

„Beim freudigen Gefühl, Bruder Visakho, ist der Trieb der Gier verwerflich; beim leidigen Gefühl ist der Trieb des Hassens verwerflich, beim weder freudigen noch leidigen Gefühl ist der Trieb des Nichtwissens verwerflich."

„Ist nun, Ehrwürdige, der Trieb der Gier bei jedem freudigen Gefühl zu verwerfen; ist der Trieb des Hassens bei jedem leidigen Gefühl zu verwerfen, und ist der Trieb des Nichtwissens bei jedem weder freudig noch leidigen Gefühl zu verwerfen?"

„Nicht bei jedem freudigen Gefühle, Bruder Visakho, ist der Trieb der Gier zu verwerfen; nicht bei jedem leidigen Gefühle ist der Trieb des Hassens zu verwerfen, und nicht bei jedem weder freudigen noch leidigen Gefühle ist der Trieb des Nichtwissens zu verwerfen. – Da weilt, Bruder Visakho, ein Mönch gar fern von Begierden, fern von unheilsamen Dingen, in sinnend gedenkender ruhegeborener seliger Heiterkeit, in der Weihe der ersten Schauung; und so verwirft er die Gier und kein Giertrieb haftet ihm an. Und jener Mönch sagt zu sich selbst: ‚Wann doch nur werde ich das Gebiet erobert haben, das die Heiligen schon besitzen?' – und indem er also voll Sehnsucht der höchsten Erlösung gedenkt, fühlt er sich schmerzlich bewegt; und so verwirft er das Hassen und kein Hasstrieb haftet ihm an. Und ein Mönch, Bruder Visakho, erwirkt nach Verwerfung der Freu-

den und Leiden, nach Vernichtung des einstigen Frohsinns und Trübsinns, die Weihe der leidlosen, freudlosen, gleichmütig einsichtigen vollkommenen Reine, die vierte Schauung; und so verwirft er das Nichtwissen, und kein Nichtwissenstrieb haftet ihm an." *(Anm.: 4 Vertiefungen s.S.50+51)*
„Was erfolgt, Ehrwürdige, aus dem freudigen Gefühle?"

„Aus dem freudigen Gefühle, Bruder Visakho, erfolgt des leidige Gefühl."
„Und was erfolgt, Ehrwürdige, aus dem leidigen Gefühle?"

„Aus dem leidigen Gefühle, Bruder Visakho, erfolgt das freudige Gefühl."
„Und was erfolgt, Ehrwürdige, aus dem weder freudig noch leidigem Gefühle?"

„Aus dem weder freudig noch leidigem Gefühle, Bruder Visakho, erfolgt das Nichtwissen."
„Und was erfolgt, Ehrwürdige, aus dem Nichtwissen?"

„Aus dem Nichtwissen, Bruder Visakho, erfolgt das Wissen."
„Und was erfolgt, Ehrwürdige, aus dem Wissen?"

„Aus dem Wissen, Bruder Visakho, erfolgt die Erlösung."
„Und was erfolgt, Ehrwürdige, aus der Erlösung?"

„Aus der Erlösung, Bruder Visakho, erfolgt die Erlöschung."
„Und was erfolgt, Ehrwürdige, aus der Erlöschung?"

„Überschritten hast du, Bruder Visakho, das Fragen; man kann den Begriff der Frage nicht fassen. Denn um in die Erlöschung zu münden, wird das Asketenleben geführt, in die Erlöschung geht es ein, in der Erlöschung geht es auf. Wenn es dir recht ist, Bruder Visakho, so gehe nun und bitte den Erhabenen um Aufklärung: wie es dir der Erhabene darstellen wird, so bewahre es."

Da war nun Visakho, der Anhänger, durch die Rede der Nonne Dhammadinna erfreut und befriedigt, erhob sich von

seinem Sitze, begrüßte die Nonne Dhammadinna ehrerbietig, ging rechts herum und begab sich dorthin, wo der
Erhabene weilte.
Dort angelangt, begrüßte er den Erhabenen ehrerbietig und
setzte sich seitwärts nieder. Zur Seite sitzend erzählte nun
der Anhänger Visakho dem Erhabenen Wort für Wort das
Gespräch mit der Nonne Dhammadinna.

Nach diesem Bericht wandte sich der Erhabene an Visakho
dem Anhänger also:
„Weise, Visako, ist die Nonne Dhammadinna; wissensmäch-
tig, Visakho, ist die Nonne Dhammadinna. Wolltest du mich
um Aufklärung bitten, Visakho, ich würde dir genau dieselbe
Antwort geben, wie sie dir die Nonne Dhammadinna
gegeben hat; denn das ist der Sinn, und also bewahre ihn."
So sprach der Erhabene. Zufrieden freute sich der Anhänger
Visakho über das Wort des Erhabenen.
Mittlere Sammlung S.332

Die Machtfährten

Der Erleuchtete sprach: „Wer da von den Mönchen oder
Nonnen fünf Dinge entfaltet und häufig übt, der mag eine
von zwei Früchten erwarten: noch bei Lebzeiten das Heiligkeitswissen, oder, wenn noch ein Haftensrest da ist, die
Nichtwiederkehr. Welches sind diese fünf Dinge?

Da entfaltet man die in Sammlung der Absicht bestehende
und von Anstrengung und Willensentschluss begleitete
Machtfährte; man entfaltet die in Sammlung der Willenskraft
– in Sammlung des Geistes – in Sammlung der Forschungs-
kraft bestehende und von Anstrengung und Willensentschluss
begleitete Machtfährte, und als fünftes die Ausdauer.

Wer da von den Mönchen und Nonnen diese fünf Dinge
entfaltet und häufig übt, der mag eine von zwei Früchten
erwarten: noch bei Lebzeiten das Heiligkeitswissen, oder,
wenn noch ein Haftensrest verbleibt, die Nichtwiederkehr.
Angereihte Sammlung Buch 5 S.58

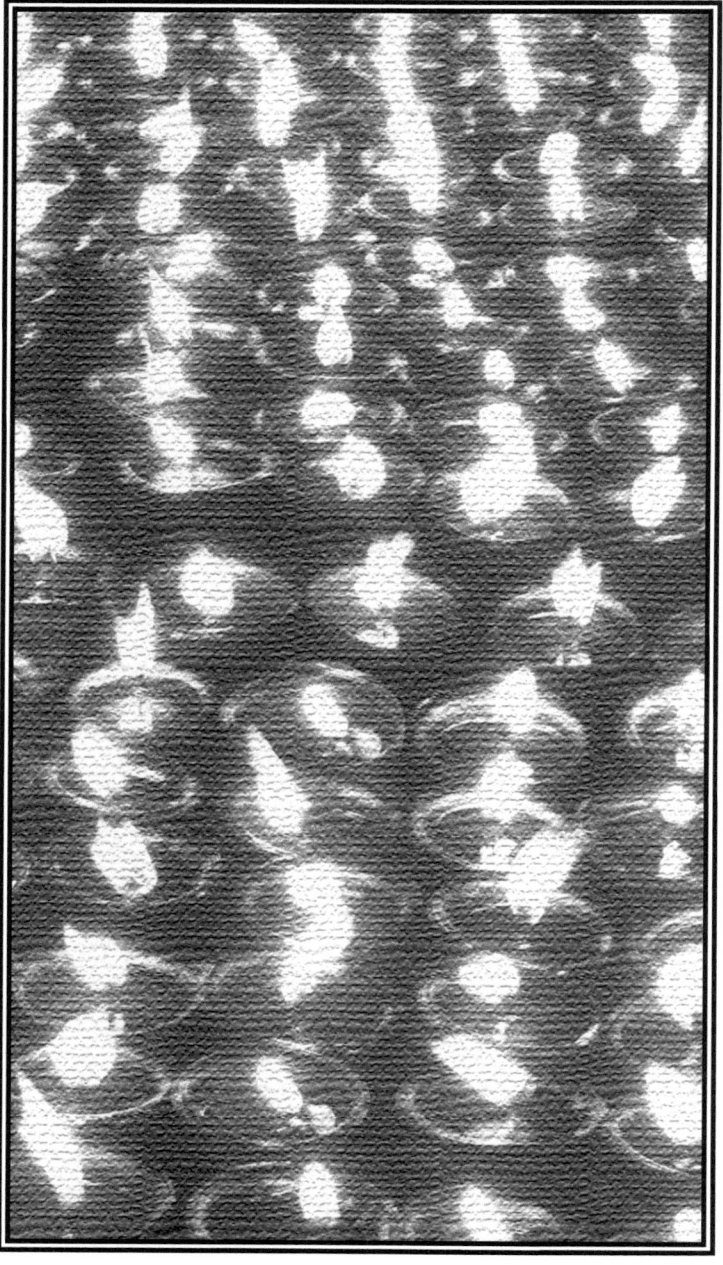

Kapitel 4

Die VOLLENDETEN

Addhakami
Bis nach Benares viel genannt
Vergab um Gold ich feile Gunst;
Ein Kaufmann warb um Schätze mich,
Als Schatz unschätzbar galt ich ihm.

Und Ekel fühlt' ich, schön zu sein,
Voll Überdruss entsagt' ich da:
O, dass ich nimmer wieder doch
Geboren würde neu und neu!
Drei Wissen hab' ich hell erwirkt,
Erfunden was der Herr befiehlt.
Sammlung in Versen S.521

Uttama
Zum vierten Male, fünften Mal
Ging aus der Klause weit ich weg,
Unmut im Busen, ungeeint,
Ohnmächtig elend im Gemüt!

Getreuer Nonne zugeneigt
Vertraut' ich dieser meine Not;
Die hat gewiesen Wahrheit mir:
Entstehung, Stätte, Urbestand.

Von ihr gewitzigt *(Anm.: klüger geworden),* aufgeweckt,
Von ihr entboten offenbar,
Bin sieben Tage säldenreich *(Anm: reich an Heil und Segen)*
Entrückt gesessen, selbstvertieft;
Am achten Tage stand ich auf:
Zerstoben war die Nebelnacht.
Sammlung in Versen S.524

Sela

(Der Versucher:) Der Welt entrinnen kannst du nicht:
Was taugt dir also Einsamkeit?
Genieße doch die Liebeslust,
Erspare später Reue dir!

(Sela:) Wie Lanzenspitzen seh' ich Lust
Die Sinne reizen, reißen auf:
Und was du heißest Liebeslust,
Nur Unlust dünkt mich heute das.

Und alle Neigung ist vertilgt,
Und Nacht und Nebel durchgeteilt;
Ich raun' es dir, Verruchter, zu:
Zermalmt ist deine Todesmacht.
Sammlung in Versen S.527

Vimala / Ehemals die Buhlin *(Anm.: die Geliebte)*
In Schönheit schimmernd, reizberauscht,
Von Glück und Glanz verwöhnt, verwirrt,
Voll Jugendleben, Jugendlust
Verlacht' ich alle andern laut.

Geschmückt, geschminkt war dieser Leib
Zu locken lieblich Toren an:
So lehnt' ich in der Angel einst, *(Anm.: Türangel)*
Wie schlau der Jäger Schlingen legt.

Mit Spangen spielend, Reif und Ring
Verhieß ich gern geheime Huld *(Anm.: Geneigtheit)*
Gewandt in Buhlenkünsten fein,
Gar vieler spottend, spaßergetzt.

Mit Bettelbissen heute satt,
Geschoren kahl, gekleidet fahl,
Im Forste sitz' ich, baumbeschirmt,
Verloren selig, abgelöst.

Und aller Fron *(Anm.: unerträglicher Zwang)* ist ausgefrönt,
So Götterfron, so Menschenfron,
Verworfen jeder Wunsch und Wahn:
Erloschen bin ich, bin entlebt *(Anm.: gierlos, am Lebensende)*.
Sammlung in Versen S.531

Sujata

In seidnen Schleiern, goldnem Schmuck,
Bekränzt mit Blumen, blass gesalbt,
Behangen mit Geschmeide hell,
Inmitten meiner Mägde Schar,

Versehn mit Reis und kühler Milch,
Mit süßem Backwerk, frischem Obst:
So fuhr ich fröhlich fort vom Haus
Zum Freudenfest im Gartenhain.

Nach Tanz und Spiel vergnügt genug
Von hinnen fahrend heimwärts dann
Ein Kloster sah ich, ging hinein,
Bei Saketam, am Waldessaum.

Den Welt-Erleuchter fand ich dort!
Ich bot ihm Gruß und saß beiseit':
Und er hat Wahrheit offenbart
Aus Mitleid mir, der Seherfürst.

Des hohen Denkers heilig Wort
Begriffen hab' ich gründlich das,
Verstanden auf der Stelle gleich,
Das ewig reine Glück erfasst.

Und also innig aufgeklärt
Verlassen hab' ich Haus und Heim;
Drei Wissen weiß ich; nicht umsonst
Ist mir das Meisterwort gesagt.
Sammlung in Versen S.544

Sakula

Im Hause weilt' ich, hausgewohnt,
Als einst ein Mönch bei mir erschien
Und Wahrheit wies: und ich ersah
Das wahnlos ewig reine Reich.

Die Tochter ließ ich, ließ den Sohn,
Gefüllte Scheunen, helles Gold,
Und kahlgeschoren zog ich fort
Als Bettelnonne, heimatlos.

Um Ruhe warb ich, warb um Rast:
Und Pfad und Fährte fand ich bald,
Ließ Hass und Liebe hinter mir
Und Wunsch und Wähnen allzumal.

Zur Nonne war ich nun erkürt,
Erkannte Sein und Wiedersein,
Geklärt im Auge himmlisch ab,
So licht und heiter, lauter, echt.

Die Unterschiede schau' ich durch:
Bedingt bestehn sie, stürzen ein;
Der Wahn ist endlich ausgewähnt,
Erloschen bin ich, bin entlebt.

Sammlung in Versen S.535

Anopama

Von stolzem Hause stamm' ich ab,
Geboren hoch und hold begabt
Mit Anmut, Schönheit, Reichtum, Pracht,
Als Vaters Tochter echt gezeugt.

Gefreit von tapfern Prinzen bald,
Von reichen Söhnen bald begehrt,
Kam Botschaft an den Vater einst:
„Die beste Maid erbitt' ich mir!

So viel sie wiegt, gewogen gut,
Anopama, die Tochter dein,
Ich geb' dir achtmal so viel Gold,
Juwelen, Perlen, was du willst!"

Und, ach, da sah den Sieger ich,
Den welterhabnen, höchsten Mann:
Zu Füßen fiel ich, bot ihm Gruß
Und saß dann nieder, nah' beiseit'.

Und Er hat Wahrheit offenbart
Aus Mitleid mir, Herr Gotama
Am selben Sitze saß ich noch
Und war genesen dreifach schon.

Und kahlgeschoren zog ich fort
Als Bettelnonne, heimatlos;
Und sieben Nächte zähl' ich nun
Seit alle Sucht ist aufgezehrt.

Sammlung in Versen S.545

Cala

In andern Orden glaubt man gern:
Man glaubt und meint und meint und glaubt
Und weiß nicht was man wissen muss,
Und kennt nicht was man kennen soll.

Ersprossen ist ein Sakyerspross,
Ein Sieger, herrlich überall!
Der hat gewiesen Wahrheit mir
Gar köstlich; kein Vermuten mehr:

Das Leiden, was da Leiden wirkt,
Was Leiden überwinden lässt,
Den heil'gen achtgeteilten Pfad,
Der uns entführt aus Leiden weg.

Sein Wort, ich nahm es willig auf,
Die frohe Botschaft merkt' ich wohl;
Drei Wissen fand ich, unvertrübt:
Erfüllt ist was der Herr befiehlt.

Sammlung in Versen S.551

Uppalavanna

Sie beide, Mutter, Tochter, ja
Sie buhlten um den Gatten mein!
Da ward ich wild erbost, empört
Vor unerhörter Schande, Schmach:

„O Pfui der Fäule, Fluch der Lust,
Die grässlich stachelt, grässlich stinkt,
Wo Mutter mag, wo Tochter darf
Gemeinsam teilen Gattengunst!"

Als Elend hab ich Lust erkannt,
Als Heil Entsagung echt gesehn:
Und Haus und Heimat, Königshof
Gelassen pilgernd hinter mir.

Nun weiß ich, was ich jeher war,
Mein Aug' ist himmlisch abgeklärt,
Das Herz erhell' ich durch und durch,
Mein Ohr ist innen ruhig, rein.

Erworben hab' ich Wunderkraft,
Gekreuzt, versiegt was Wähnen war,
Sechs Wissensziele selbst erzeugt,
Geschaffen, was den Meister schafft.

Auf hohem Wagen wunderhell
Gerüstet, reisig *(Anm.: auf der Reise befindlich)* viergeschirrt,
Erschien ich grüßend einst vor Ihm,
Dem größten Retter aller Welt.

Sammlung in Versen S.560

Ambapali

Dunkel schwellend, schwere Fülle, bienenschwarz,
Dicht in Locken fiel mein Haar herab:
Das hat Alter hänfern, bastig blass gebleicht –
Wahrheitkünders Kunde dauert unverderbt. *(Anm.: Buddha's Lehre überdauert unverändert)*

Blütendüfte hauchend süß wie Sandelholz,
Reich mit Blumen war mein Scheitel hold bedeckt:
Nun im Alter riecht er recht nach Hasenhaar gebleicht –
Wahrheitkünders Kunde dauert unverderbt.

Laubgeländen, schön gepflanzt, gepflegten gleich,
Leuchtend straff war einst mein Schopf gekämmt:
Nun im Alter siecht er, ausgelichtet, ab –
Wahrheitkünders Kunde dauert unverderbt.

Schwarzes Haargeflecht, geschmeidig goldgeschmückt,
Glänzte glitzern, hochgeflochten zierlich auf:
Nun im Alter schimmert kahl der Schädel durch –
Wahrheitkünders Kunde dauert unverderbt.

Wie vom Maler fein gezogen, zart gemalt,
Vielgepriesen früher war der Brauen Pracht:
Nun im Alter sind sie runzlig reich gebrämt *(Anm.: übel ange-kommen)* –
Wahrheitkünders Kunde dauert unverderbt.

Feuersprudeln gleichend, wie Karfunkelblitz *(Anm.: rote Edelsteine),*
Dunkel aus der Tiefe sprüht' ich Blicke weit:
Nun im Alter blinzelnd brechen sie, verbrüht –
Wahrheitkünders Kunde dauert unverderbt.

Sanfter Höhe gleich erhob der Nasenbug
Jugendhold empor sich im Gesichte mir:
Doch im Alter aufgedunsen dünkt er nun –
Wahrheitkünders Kunde dauert unverderbt.

Goldgehängen, gut gehämmert, glatten gleich
Glänzten mir der Ohren Muscheln rötlich rein:
Die hat Alter netzig nun gerunzelt, rings –
Wahrheitkünders Kunde dauert unverderbt.

Wie Bananen blendend blühen, knospenweiß,
Lachten lieblich mir im Munde Zähne blank:
Die hat Alter garstig gerstenfahl zerfällt –
Wahrheitkünders Kunde dauert unverderbt.

In der Laube sang ich Lieder süß im Lenz,
Heimlich wie die Nachtigall in Wäldern girrt:
Hin ist Klingen, hin ist Klang im Alter nun –
Wahrheitkünders Kunde dauert unverderbt.

Gülden gelblich, mild wie Perlmutterglast (Anm.: Glanz)
Glänzte hehr der Nacken, gleißte hell der Hals:
Weg ist Glimmer, weg ist Glanz im Alter nun –
Wahrheitkünders Kunde dauert unverderbt.

Schlanken Säulen gleich gewunden wohl empor,
Beide hob ich, runde Arme, reizend hoch:
Doch im Alter schlaff wie Seile dünken die –
Wahrheitkünders Kunde dauert unverderbt.

Ring an Ringlein, kostbar edelsteinbesteckt,
Bot ich zierlich auf den zarten Fingern dar:
Schrumpf im Alter schrimpeln die wie Wurzelwerk –
Wahrheitkünders Kunde dauert unverderbt.

Voll und rund und mutig ragend oben auf
Prangten meine Brüste früher wohlgeformt:
Ausgetrocknet hängen heute, troddeln die –
Wahrheitkünders Kunde dauert unverderbt.

Glau (Anm.: glänzend) geglättet, eitel plan wie Plattengold,
Lauter war mein lichter Leib und ohne Fehl:
Furchen, viele Falten sind gezogen durch –
Wahrheitkünders Kunde dauert unverderbt.

Spangen trug ich, goldgeschmiedet, reich gespannt,
Unterm Knie geschmeidig bis zum Knöchelreif:
Sesamstäbe seh' ich heute stelzen hier –
Wahrheitkünders Kunde dauert unverderbt.

Ausgepolstert, wie mit Wolle ausgebalgt,
Wohlgebildet war der Fuß und rund am Rist:
Hohl ist nun die Haut im Alter, abgewelkt –
Wahrheitkünders Kunde dauert unverderbt.

Also war gewesen dieser Körper da,
Unbeständig, Stätte nur der Not und Qual:
Mörtel fiel und Malter ab vom alten Haus –
Wahrheitkünders Kunde dauert unverderbt.

Sammlung in Versen S.566

Subha, des Goldschmieds Tochter

Als junge Maid, im lichten Kleid,
Vernahm ich einst der Lehre Wort,
Und ernst und innig horcht' ich auf:
Die Wahrheit ward mir offenbar.

Da hat vor allem Weltgenuss
Ein tiefer Ekel mich erfasst,
Entsetzen vor der Leibeslust:
Entsagung, ach, ersehnt' ich mir!

Verlassen hab' ich Eltern bald,
Geschwister, Freunde, Dienertross,
Und Feld und Anger, blütenreich,
Und was noch lieblich lockt und reizt:
Gelassen hab' ich, heimatlos,
Ein reiches Erbe gern zurück.

So zog ich fort aus Zuversicht,
Mit wahrer Satzung wohl versehn:
Wie möcht' es heute ziemen mir
Begehr zu hegen, dulden gar?

Wo Gold ich warf und Silber weg,
Da sollt' ich wieder heimisch sein?

Ja, Silber, sicher, gibt und Gold
Erkenntnis nicht und keine Ruh':
Nicht kann Asketen taugen das,
Der Reinen Reichtum ist es nicht.

Verlangen lässt es, macht uns matt,
Verwirrung wirkt es, züchtet Staub,
Verstörung zeugt es, treibt Verdruss,
Zerrinnt gar eilig, ohne Rast.

Darum ereifern Menschen sich,
Beschmutzen schmählich ihren Sinn,
Und einer reibt den andern auf,
Und alle ringen insgesamt.

Was wollt ihr, die mir Sippe seid,
Wie Feinde listig locken mich?
Erkennt mich als Asketin an,
Verleidet ist mir all die Lust.

Um Schätze nicht und nicht um Gold
Ist Wahnversiegung feil gesetzt:
Wie Mörder morden lauert Lust,
Und sticht und stachelt, bändigt bald.

Was wollt ihr, die mir Sippe seid,
Wie Feinde listig locken mich?
Erkennt mich als Asketin an,
Geschoren kahl, gekleidet fahl.

Verhiehen *(Anm.: abgelehnt)* hat der Meister Lust
So Götterlust, so Menschenlust:
Wer ewig abgefesselt geht
Ist unerfassbar, unbewegt.

Nicht will in Lüsten um ich gehen,
Wo Rettung nirgend ist bereit:
Wie Mörder morden lauert Lust,
Wie Flammen flackern lodert Lust.

Unselig ist sie, voll Gefahr,
Voll Qual und Jammer, Angst und Graus,
die Gier, die zick und zack uns jagt,
Die große Falle, die uns fängt.

Bekriegt, gekreuzt ist all die Lust!
Will ausgeglüht verglommen sein,
Beharrlich heiter, Tag um Tag,
von ihrem Frone längst entfrönt.

Auf holder Fährte, sicher, hell,
Auf reinem Pfade, achtmal recht,
Hinüber geh' ich, folge nach
Den Siegern, die gegangen sind.

Und heute seht mich heilig stehn,
Subha, des Goldschmieds Töchterlein,
Unsehrbar *(Anm.: ohne Zweifel)* sinnen, unverstört
Im stillen Walde, baumbeschirmt.

Ich hab entsagt aus Zuversicht,
Bin tugendhell am achten Tag!
Uppalavanna riet mir recht:
Drei Wissen warb ich, schlug den Tod.

Entknechtet bin ich, bin entsühnt,
Als Nonne nüchtern, rein gereift,
Von jedem Joche losgelöst,
Vollendet ewig, suchtversiegt.

Und Sakko *(Anm.: der Götterkönig)* kam im lichten Schein:
Mit Götterscharen zog er an
Und grüßte hell, der Geisterherr,
Subha, des Goldschmieds Töchterlein.
Sammlung in Versen S.582

Isidasi

Ujjeni ragt empor am Fels
Als Bürger lebt mein Vater da gerecht:
Ich bin die Tochter, teuer ihm,
Sein einzig vielgeliebtes Kind.

Da kam ein Werber von Saketam her,
Zu freien mich für seinen Sohn,
Ein Bürger, reich von hohem Rang:
Und Vater gab dem Freunde gern die Braut.

Den Eltern bracht' ich des Gemahls
In Demut frommen Gruß dar früh und spät,
Zu Füßen kniend, stirngebeugt,
Wie stets gewohnt ich war in Vaters Haus.

Des Gatten Schwestern, Brüdern dann,
Verwandten, Vettern, Basen insgesamt
Gehorcht' ich schüchtern, auf den Wink,
Bot an in Ehrfurcht meinen Sitz.

Und was an Trank und Speisen übrig blieb
Für andre Mahlzeit, andern Tisch,
Das trug ich ab, das trug ich auf,
Gab jedem Gabe nach Gebühr.

Beizeiten stand ich morgens auf:
Aus meiner Kammer ging ich hin,
Mit reinen Füßen, Händen rein,
Zum Gatten, bot ihm ersten Gruß.

Und Kamm und Spiegel nahm ich mit,
Ein Salbenfläschchen, frisch gefüllt,
Gleich niedrer Magd versah ich ihn,
Besorgte selber Dienst um Dienst.

Ich selber hab' den Reis gekocht,
Gereinigt selber Napf und Krug:
Wie Mutter hegt ihr einzig Kind,
So hab ich meinen Herrn gepflegt.

106

Ergeben also ganz dem Gatten mein,
Demütig dienend immerdar,
Und flink und fleißig ohne Fehl,
hat mich gehasst nur mein Gemahl.

Zu seinen Eltern sagt' er einst:
‚Ihr Lieben, lasst mich von hier gehn!
Mit Isidasi bleib' ich nicht,
Will nicht mit ihr beisammen sein.'

‚Nicht also rede, lieber Sohn!
Denn Isidasi dünkt uns witzig, aufgeweckt,
Ist flink und fleißig, dienstbereit:
Warum, o Sohn, verschmähst du sie?'

‚Ich finde keinen Fehl an ihr,
Doch mag ich Isidasi länger nicht,
Bin überdrüssig, ihrer satt:
Um Urlaub möchte' ich bitten euch.'

Sie hörten wohl, um was er bat,
Und also sprach zu mir das Elternpaar:
‚Was hast getan du, rede doch,
Vertrau' uns, offen sag' es uns!'

‚Ich habe nichts getan, führwar,
Ich weiß von keinem Tadel nichts:
Was kann mir Übles werfen vor der Herr,
Auf dass er mich mit Hass verdirbt?'

Sie schickten mich zurück ins Vaterhaus,
Von Sinnen kam ich, ach vor Weh':
Ein Kind, ich hegt' es unterm Herzen schon,
War schwanger, reif erblüht als Frau!

Nicht ließ der Vater mich daheim,
Vermählte wieder reichen Gatten mir;
Der gab ihm gern die Hälfte hin
Vom Mahlschatz *(Anm.: Brautgeld),* den der erste bot.

Und auch bei diesem weilt' ich nicht:
Er trieb mich, die so willig war,
Nach einem Monde aus dem Haus,
Die treue Gattin, reine Frau.

Zog selber dann als Büßer fort,
Da ging ihn einst mein Vater an:
,Bist du nicht meiner Tochter Mann?
Wirf Kutte weg und Bettelnapf!'

Er blieb – doch eine Woche nur;
Den Vater bat er: ,Gib, o gib
Die Kutte mir und Napf und Krug,
Will wieder Büßer, Bettler sein!'

Und Vater sprach, und Mutter sprach,
Ein jeder sprach ihm zu bei uns daheim:
,O sag' uns was dir missbehagt,
O sag' uns endlich was du wünschen magst!'

Beredet also rief er aus:
,Wenn ich mich selber friste nur,
Genügt es mir!
Mit Isidasi weil' ich nicht,
Nicht unter einem Dach mit ihr.'

Das war sein letzter Abschiedsgruß,
Allein mit meinem Grame sann ich nach:
,Fort will ich, fort von hier, hinweg,
Will sterben – oder Nonne sein!'

Und siehe, Jinadatta kam,
Almosen bettelnd, Haus um Haus heran:
Sie stand in Züchten still am Tor,
So tief bedacht, so innig echt.

Und als ich stumm sie harren sah
Erhob ich mich und ging entgegen ihr,
Und bot ihr Gruß und bot ihr Sitz,
Und gab ihr Speise, gab ihr Trank.

Wie nun das Mahl war dargereicht,
Gekochter Reis und kühler Trunk,
Vertraut' ich meinen Wunsch ihr an:
„Ins Kloster will ich, Schwester, gehn!".

Der Vater hört' es, kam herbei,
‚Im Hause', sprach er. ‚kannst du heilig sein, o Kind,
Und Speise spenden, kühlen Trank
Asketen und Brahmanen Tag um Tag.'

Doch weinend fleht' ich, schluchzte laut,
Mit aufgehobnen Händen bat ich ihn:
„Muss haben böse Tat getan,
Die will ich büßen, sühnen nun!"

Da hat mein Vater mich umarmt:
‚So wirb um Wissen, allerhöchstes Heil,
Und Wahnerlöschung, finde sie,
Wie sie der Menschen Bester offenbart.'

So bin ich fortgezogen bald,
Ließ Vater, Mutter, alles hinter mir;
War sieben Tage selbstvertieft:
Am achten ging mir Wissen dreifach auf.
Sammlung in Versen S.595

Sumedha
In König Koncos Burg Mandavati
Erblühte Jung Sumedha lieblich hell,
Der ersten Obergattin Herzenskind,
Ein holdes Mädchen, fröhlich frommgemut.

Mit keuschem Sinne, wohlberedt,
Erfahren recht in Meisterkunde, Meisterwort,
Ging hin sie zu den Eltern einst
Und bat: „O hört mich, beide, an!

Die Wahnerlöschung lieb' ich mir:
Verwesen muss, was irgend ist, auch Götterart,
Nun gar der Erde leere Lust,
Erbärmlich eitel, voll von Pein!

Was wahr ist, Mutter, hat gewiesen uns der Herr!
Je nun, die Menge merkt es nicht:
Wer lüstern buhlt um Dasein, Dasein liebt,
Begehrt Geburt in Götterwelten gern.

Auch unter Göttern west Geburt vergänglich ab,
Vermodern muss was irgend ist:
Und nur der Tor erzittert nicht
Wo Leben immer wiederlebt.

Vier üble Pfade wandelt vieles Volk,
Zwei holde Fährten selten hin:
Wer abwärts umgeht findet nicht
Genesung in der Unterwelt.

Euch beide bitt' ich, lasst mich ziehn:
Genesen will im Meisterorden ich bei Ihm,
Will einsam kämpfen kühn für mich,
Besiegen so Geburt und Grab.

Wie kann uns Dasein köstlich dünken, gut,
Vergänglich wesenloser Leib!
Zu löschen aus den Daseinsdurst
Muss wandern fort ich, weit von euch."

Und also sprach Sumedha mild:
„Ihr lieben Eltern, hier im Haus
Genieß' ich keine Nahrung mehr,
Und müsst' ich auch verhungern gar."

Die Mutter schluchzte laut vor Schmerz,
Zerschmettert war der Vater gänzlich im Gemüt,
Umstimmen wollten sie das Kind:
Vor ihnen lag es auf der Erde stumm.

„Steh' auf, o Tochter: kennst du Kummer denn?
Bist angelobt in Elefantenstadt
Gepries'nem Helden hold als Braut,
Gesagt ihm zu, dem Königssohn.

Wirst erste Gattin, Oberkön'gin sein,
Des kühnen Männerfürsten Eh'gemahl:
Asketentum, Asketenschaft,
O Kind, ist schwierig, ach, ist schwer.

Der Königsmacht ist Prunk und Pracht gemein
Und Gold und Glanz und Jugendglück:
Genieße, lebe, liebe nur,
sollst Hochzeit halten, süßes Kind!"

Und Antwort gab Sumedha bald:
„Nicht also, nein! Was irgend ist muss untergehn;
Von hinnen lasst mich, oder sterben hier,
Will Hochzeit halten anders nicht.

Entstehung, Stätte, Urbestand
Ist üppig eingewurzelt in Geburt,
Ist leidig, lästig durch und durch:
Wie sollt' ersehnen Hochzeit ich?

In Götterwelt, in Menschenwelt,
Im Tierreich, im Gespensterreich,
im Geisterkreis, im Höllenkreis
Ist Pein um Pein unendlich uns gewiss!

Erlangt hat Wahnerlöschung hier
Wer mächtig wirbt um Meisterart
Und einsam kämpft für sich den Kampf,
Besiegend so Geburt und Grab.

Will heut noch, Vater, pilgern fort von Haus:
Was reizt mich Reichtum, der verdirbt?
Verleugnet hab ich Lustbegier,
Wie Palmenstumpf ganz abgestutzt."

So gab Sumedha sich dem Vater kund. –
Schon festlich zog der Bräutigam herbei,
Zu halten Hochzeit mit der jungen Braut
Als Prinz, an diesem Tage just.

Allein die Maid verschloss ihr Schlafgemach,
Schnitt ab mit scharfen Dolche dann
Das schwarze, dicht gelockte, weiche Haar:
Und erste Schauung ging ihr auf.

Bedächtig sann sie, selbstvertieft,
Und nah und näher zog der Fürst empor:
Sie saß am Fenster, sah hinab,
Fand alles eitel, nichtig nur.

Sie sah ihn schreiten rasch heran
Die Treppen, vor die Brüstung treten frei,
Den Prinzen glitzernd, reich geschmückt;
Er bot ihr Gruß, er bat um Gunst:

„Der Königsmacht ist Prunk und Pracht gemein
Und Gold und Glanz und Jugendglück!
Genieße, lebe, liebe nur,
Gar selten lacht uns Menschen Liebeshuld.

Entbehren willst du Herrschermacht?
Almosen gib den Mönchen – sei vergnügt,
Genieße heiter deinen Tag,
Die Eltern gräme, kränke nicht!"

Und also sprach Sumedha sanft:
„Will nichts mehr wissen von Genuss,
Ich weiß genug:
Wie könnt' ich küren Liebeshuld
Wo Elend lauert in der Lust?

Der Weltbeherrscher Mandhara,
Genossen hat er höchste Lust;
Doch ungesättigt starb auch er:
Sein Sehnen, das war nicht gestillt.

Ja, regnet' es Juwelen jeder Art
Von allen Seiten reich herab:
Die Sehnsucht wär' gesättigt nie,
Die Menschen stürben ungestillt.

Entfachte Fackel züngelt rasch empor
Am Arm, der fassen, der nicht lassen will:
Wie Feuer süchtig lodert Lust,
Verzehrend sengt sie, wirft man sie nicht weg.

Um kleines Erdenglück, um Wonne winzig nur
Mag nicht verleugnen hohes Heil,
Nicht schnappen nach der Angel schnell
Und wie der Fisch gefangen sein.

Ich kenn' ein Ding, das altert nicht:
Was taugt Begier, die eilig altern macht?
Von Tod und Siechtum wird verzehrt
Geborne Sämung *(Anm.: Fortpflanzung, Erzeugung)* überall.

Nicht kann das altern, sterben nicht,
Ist ohne Siechtum, ohne Tod, ist ohne Angst,
Und ohne Neid und ohne Not,
Ist unverrückbar, unerregbar, unverstört.

Errungen hat es mancher hier was ewig ist,
Erringen kann es heute noch der Mensch
Der mutig kämpft und kühn beharrt:
Nur wer sich selbst verleugnet hat gesiegt."
(Anm.: Ego-Überwindung)

So gab Sumedha Antwort ihm,
Genießen mochte nimmer sie der Lebenslust:
Sie wies dem Prinzen rechten Weg,
Und warf ihm vor die Füße hin ihr Haar.

Da stand er ab, der edle Fürst;
Und vor dem Vater nun verneigt' er sich und sprach:
„O lasst von hinnen ziehn Sumedha fort,
Erlösung finden, wahres Heil!"

Entlassen von den Eltern zog sie hin,
Zu enden alles Elend, alles Leid;
Sechs Wissensziele zeugte sie,
Und höchste Weisheit ging ihr auf.

O Wunder über Wunder hier:
Erlösung hat erlangt ein Königskind!
Gelebtes Leben geb' ich kund,
Wie selber sie zuletzt es uns geoffenbart.

Sammlung in Versen S.602

Eine Quintessenz
der Reden Buddha's

Dies Buch bezieht all sein Wissen aus den
4 Bänden: „Die Reden des Buddha: Längere-,
Mittlere-, Angereihte- und Gruppierte Sammlung",
erschienen im **Verlag Beyerlein – Steinschulte.**

Diese Quintessenz ist eine Gliederung der
Lehrinhalte nach Buddha's 4 Edlen Wahrheiten.

Sie kann eine willkommene Übersicht und
Anregung für ein vertiefendes Studium sein.

Für den **Nicht-Buddhisten** kann es ein erstes
Kennenlernen der 4 Edlen Wahrheiten sein.

Einen Buddhisten im **Theravada** könnte es
anregen, sich mehr in die Schriften zu vertiefen.

Buddhisten im **Zen** oder **Mahayana** könnte
es anregen, zusätzlich direkt von der Quelle
zu trinken – nicht „nur" vom breiten Strom.

ISBN: 978-3-752-68795-8   € 7,50

Menno Doden

Buddha's Lehre
UND DIE JETZT-ZEIT

Poetische Reflexionen
in 108 Versen

❋ Ein buddhistisches Bilderbuch ❋

BUDDHA's Lehre
und die Jetzt-Zeit

Diese **108 Verse** wollten geschrieben werden! Sie sind
mein erstes (und wahrscheinlich auch einziges) Gedicht;
es entstand als Eingebung innerhalb von nur zwei Tagen.

Ich wollte mich anfangs mit drängenden Problemen
unserer Zeit befassen – so war meine Intention –
aber es wurde daraus eine Kosmologie.
Ihr Fundament bilden **Lehren des Buddha.**
54 farbige Impressionen, überwiegend aus Bali,
begleiten den Text.

Die Bilder wurden so gewählt und bearbeitet,
dass sie den Text ergänzen. *(M.D.)*

ISBN: *9783744897099*   *€ 24,99*

Der **BUDDHA** spricht hier persönlich über **SEINE** Erleuchtung...

... in zwei der Reden an seine Mönchsgemeinschaft. Sie stammen aus der **„Mittleren Sammlung"**, die zuerst mündlich überliefert und nach einigen hundert Jahren schriftlich abgefasst wurde. Die Übersetzung aus dem Pali erfolgte von 1895-1901 durch den Wiener Karl Eugen Neumann. Sie wurde von Thomas Mann, Hugo von Hofmannsthal, Hermann Hesse, Gerhart Hauptmann und George Bernard Shaw hoch gelobt.

54 Impressionen von zwei Pilgerfahrten nach Bodh Gaya begleiten den Text. Die Bilder wurden bewusst so gestaltet, dass sie das Herz berühren.

ISBN: 9783749483198   € 24,99

Buddha's Tod
Über die Vergänglichkeit

Dieses Buch beinhaltet den Bericht zur Erlöschung des Buddha. Er ist enthalten in: **„Die Reden des Buddha – Längere Sammlung"**.

Auf 54 Seiten erfahren wir hier aus diesem großen Werk die Vorgeschichte und die Einzelheiten über das Ableben des Erleuchteten.

Auf 54 Seiten begleiten Impressionen aus Indien, Sri Lanka und Bali den Text. Die Bilder wurden, passend zum Inhalt, bewusst so gestaltet, dass sie das Herz berühren.

ISBN: 9783749499946   € 24,99

Marija Mischkulnig & Menno Doden

Ich lausche der Seele des Windes

Bebilderte EINSICHT-ZEN

BoD Verlag

Ich lausche der Seele des Windes ...

... Bebilderte Einsicht-ZEN ...

**vereint Fotografie, Poesie und
den Ausdruck heilsamer Seinsweisen**.

Das Bild, das Einsicht verschenkt, wurde als Erfahrungs-
ausschnitt von Menno Doden oder Marija Mischkulnig
in der Fotografie festgehalten. Marija Mischkulnig fügt
Worte hinzu, die sich ihr über das Bild mitteilen und
erschließen. Das Bild spricht als Poesie zu ihr.

Die Schlichtheit eines Augenblicks, der alle Weisheit
enthält, wird über die Bildbearbeitung in Schwarz-Weiß
angedeutet. Der **Zen-Geist** in uns wird wachgerufen.

ISBN: 9783744883252   € 20,00